U0120416

话说 内蒙古

锡林郭勒

多伦县

任月海　王淑霞 ◎ 编著

内蒙古人民出版社

图书在版编目 (CIP) 数据

　　话说内蒙古·多伦县 / 任月海，王淑霞编著. -- 呼
和浩特：内蒙古人民出版社，2017.5
　　ISBN 978-7-204-14748-9

　　Ⅰ. ①话… Ⅱ. ①任…②王… Ⅲ. ①多伦县－概况
Ⅳ. ①K922.6

　　中国版本图书馆 CIP 数据核字 (2017) 第 129414 号

话 说 内 蒙 古 · 多 伦 县

HUASHUO NEIMENGGU DUOLUNXIAN

丛书策划	吉日木图　郭　刚
策划编辑	田建群　张　钧　南　丁　王　瑶　贾大明
本册编著	任月海　王淑霞
责任编辑	王　瑶　南　丁　贾大明
责任校对	郭婧赟
责任监印	王丽燕
封面设计	南　丁
版式设计	朝克泰
丛书名题字	马继武
蒙古文题字	哈斯毕力格
出版发行	内蒙古人民出版社
地　　址	呼和浩特市新城区中山东路 8 号波士名人国际 B 座 5 楼
印　　刷	内蒙古恩科赛美好印刷有限公司
开　　本	710mm×1000mm　1/16
印　　张	16.25
字　　数	240 千
版　　次	2018 年 8 月第 1 版
印　　次	2018 年 8 月第 1 次印刷
印　　数	1—4000 册
书　　号	ISBN 978-7-204-14748-9
定　　价	65.00 元

图书营销部联系电话：(0471) 3946267 3946269
如发现印装质量问题，请与我社联系。联系电话：(0471) 3946120 3946124
网址：http://www.impph.com

总　序

　　内蒙古自治区是我国第一个省级少数民族自治地区。全区共划分为9个地级市、3个盟、2个计划单列市，下辖52个旗（其中包括鄂伦春、鄂温克、莫力达瓦达斡尔3个少数民族自治旗），17个县，11个盟（市）辖县级市，23个市辖区，共103个旗、县、市辖区，首府呼和浩特市。

　　内蒙古东西直线距离2400千米，南北跨度1700千米，土地总面积118.3万平方千米。广袤的土地蕴含着丰富的自然资源：从东到西的森林、草原、沙漠等地形地貌，天然地形成了独特的旅游资源；丰富的煤、铅、锌、稀土、风力等矿产资源和清洁能源，为煤化工产业、有色金属产业、清洁能源产业的发展提供了支撑；地跨"三北"（东北、华北、西北），毗邻八个省区，与俄罗斯、蒙古国接壤，国境线长达4200千米，有建成我国向北开放的重要桥头堡和充满活力的沿边经济带的天然区位优势；依托于气候、优质土壤和草场、水源充足等优势，农牧业的发展已融入现代化建设当中。

　　这是一方自然资源丰富的沃土。它是北方少数民族生息和发展的中心地域，孕育了游牧文明、草原文化，在与农耕文化的不断碰撞中，相互融合，相互促进，共同谱写了中华文明的恢宏乐章。仰韶文化、红山文化是中华史前文化的一部分，战国时期赵武灵王着胡服、学骑射，两汉与匈奴交往、和亲，两晋南北朝的鲜卑建立了雄踞北方的北魏王朝，隋唐与突厥建立了宗藩关系，契丹民族建立了辽代政权，蒙古民族创立了疆域广阔的大元王朝，明清与鞑靼、瓦剌等民族建立了藩属关系——历史上，北方少数民族或雄踞一方与中原交好，或入主中原，在不断风起云涌中铸就了内蒙古丰富、厚重的历史文化魂魄。进入近现代以后，内蒙古也走在抗敌御侮的前沿，为新中国的成立做出了巨大贡献。

　　这份丰厚的历史积淀当中，涌现了诸多杰出人物，他们或是一方霸主，统领一域；或是一代天骄，建万世之基；或是贤良能臣，辅助建国大业；或是时势英雄，救人民于水火；或是在各自领域内创造历史价值的名人雅士。这些人有耶律阿保机、成吉思汗、忽必烈、哲别、术赤、耶律楚材、乌兰夫、李裕智，尹湛纳希、玛拉沁夫、纳·赛音朝克图等等。

物华天宝，人杰地灵。广袤的土地除了养育了一代代的草原人，也成就了它丰富的地域文化：马头琴音乐、呼麦、长调等民族音乐，好来宝、二人台、达斡尔族乌钦等曲艺，安代舞、顶碗舞等民族舞蹈，刺绣、剪纸、民族乐器制作、生活用具制作等传统工艺，蒙医药、正骨术等传统医药医术，婚丧嫁娶等独特的礼仪习俗。内蒙古在音乐舞蹈、民间艺术、文学史诗、传统医药、手工技艺、民俗风情等方面都取得了独有的成就。

悠久历史文化滋养下的内蒙古，在中国共产党的领导下，迈向新的历史征程。内蒙古自治区成立以来，党和国家一直重视内蒙古的发展，也给予各类政策和经济支持。内蒙古也不负众望，各项事业均取得了令人瞩目的成就：经济保持平稳增长，人民的生活水平不断提高；民主法治建设得到有效推动；建立了具有民族特色的教育体系，民族教育水平不断提高；民生改善工作成绩斐然；生态文明建设取得较大成就；四通八达的立体交通网，把内蒙古与世界各地拉近……

纵观几千年历史，内蒙古在历史的长河中扮演了重要的角色，这不仅源于自然条件的得天独厚，也源于草原儿女的自立自强。曾经，这片沃土上的民族大多以口耳相传的方式传承着自己的文化，但是仍有不少历史的碎片撒落在当地的史籍当中，这些史料汇集成册，将成为向世人介绍内蒙古的名片。为此，我们组织全区103个旗县（市区）的有关部门和专家学者，借助各地的丰富史料，把散见于各种资料中的人文历史、民俗文化、民间艺术、壮丽风光、当代风采、支柱产业等等汇编在一起，编纂出一套能够代表内蒙古总体面貌、能够反映时代特色和文化大区风范的大型读物——《话说内蒙古》，以展示我区经济发展、文化繁荣、民族团结、边疆安宁、生态文明、各族人民幸福生活的六大风景线。

一本书，一支笔浓缩的仅仅是精华中的精华，不足以穷尽所有旗县（市区）的方方面面。若本书为你敞开一扇了解内蒙古之窗，那么，读万卷书不如行万里路，内蒙古将以最大的热情迎接你：

赛拜侬——

欢迎你到草原来！

序

　　多伦是蒙古语"多伦诺尔"的简称，汉语译为"七个湖泊"。作为地名，始于蒙古汗国时期，据卓宏谋《蒙古鉴》载，七个相互邻近的湖泊及周围相连的草原就是多伦诺尔草原。这片水美草肥富饶之地，是东胡、匈奴、鲜卑、突厥、契丹、女真、蒙古等北方游牧民族活动的舞台。无论是我国古代北方少数民族的形成与融合，还是有史以来多民族统一国家的建立，多伦都曾在其中起过重要的作用，成为我国北方与中原进行政治、经济、文化交往的最为活跃的地区之一。

　　1691年5月，康熙在多伦与漠北喀尔喀蒙古三部和内蒙古各旗王公贵族会盟，使得喀尔喀蒙古正式归附清朝，并确立了中国北部边疆的版图。多伦诺尔会盟密切了内外蒙古与清政府的关系，对抵御外族侵略和巩固清代多民族国家的统一，具有重要作用。康熙还在多伦创建了内蒙古藏传佛教中心汇宗寺，使多伦迅速发展成为蒙古高原上气势恢宏的喇嘛教之都，对蒙古地区政治、经济、文化等各个方面产生了深远的影响。与此同时，清政府准许内地商号以多伦为中心开辟中原与蒙古草原的商道，故而在多伦形成了庞大的旅蒙商队伍，官府注册商号达4000多户，成为清朝蒙古草原上一座著名的商业城市。清朝灭亡以后，多伦历经民国风云变幻、抗日战争、解放战争，社会、政治、经济、文化等发生了巨大变化。

　　今天的多伦人民秉承勤劳勇敢、淳朴善良的优良传统，奋发向上，只争朝夕，绘就了一幅科学发展、强县富民的宏伟画卷。内蒙古自治区政府决定在多伦建设锡林郭勒盟（以下简称"锡盟"）南部区域中心城市，锡盟确定把多伦作为"扩权强县"试点县，树立创新、协调、绿色、开放、共享的发展理念，实施以绿色经济带动为主体、以特色城镇建设和文化旅游发展为两翼的发展战略，按照以人为本、生态优先、产业优化、城乡统筹、改革创新的总要求，凝心聚力，努力建设更加繁荣、美丽、和谐的新多伦。

为了让更多的人了解多伦、感受多伦，我们编撰了《话说内蒙古·多伦县》一书，以"话说"的形式，朴素的语言，图文并茂地叙述多伦的历史传承、民风民俗、风味特产、文化遗存、秀美风光、当代风采，为我们描绘出一个美丽的多伦、文化的多伦、魅力的多伦。

中共多伦县委员会书记

多伦县人民政府县长

目录 Contents

1

仁人志士

民俗风情

名优特产

特色风光

民间传说

当代风采

吟咏多伦古诗词

后记

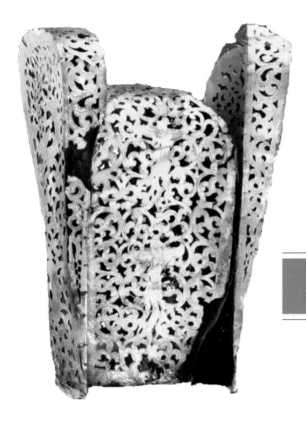

回望历史

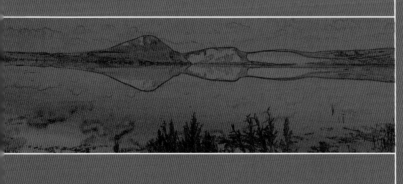

回 望 历 史

HUIWANGLISHI

1251年，忽必烈移驻漠南，有了多伦诺尔的地名；1691年，康熙皇帝的多伦诺尔会盟，开启了清代多伦的繁华；1933年，吉鸿昌将军收复多伦城，鼓舞了中国人民抗战士气。

古人治病的砭石针

多伦为蒙古语"多伦诺尔"的简称，汉语译为"七个湖泊"，是锡林郭勒盟一个风光秀美、历史文化积淀深厚的旗县。

从远古人的生存和迁徙上看，法国学者勒内·格鲁塞在其著作《草原帝国》中认为：现在已知最早的欧亚之路是北方的草原之路。在旧石器时代，奥瑞纳文化沿着这条路经西伯利亚——在安加拉河上游、离伊尔库茨克不远的马利塔地区留下一尊属奥瑞纳时期的维纳斯雕像——进入中国北方，而马格德林文化似乎在西伯利亚（叶尼塞河上游）、中国东北（多伦、满洲里和海拉尔）及河北省都有其代表物。故而根据格鲁塞的说法，旧石器时代的多伦就有了人类的迁徙活动。他们在滦河岸边以采摘果实、狩猎或捕鱼来维持生活。

1963年，多伦县东部的头道洼村新石器遗址中发掘出一枚磨制石针。这根石针长4.5厘米，一端有锋，呈四棱锥形；另一端扁平有弧刃，刃部宽0.4厘米；中身有四棱，略扁，横断面呈矩形，可以容纳拇、食二指挟持。经考古学家鉴定，它是用于针法的原始工具砭石。

南北朝《全元起注》有："砭石者，是古外治法，有三名，一针石，二砭石，三镵石，其实一也。古来未能铸铁，故用石为针。"唐代的《颜师古注》记载："石，谓砭石，

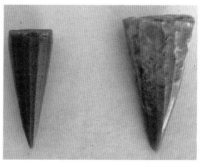

头道洼发现的石针

新石器时代遗址发现的石器

即石箴也。古者攻病则有砭，今其术绝矣。"《说文解字》解释："砭，以石制病也。"清代的《段玉裁注》记载："以石刺病曰砭，因之名其石曰砭石。"可见，所谓"砭石"是用来治病的石头。《淮南子·说山训》载，"医之用针石"，高诱注为"针石所抵，弹入痛痤，出其恶血"，《管子·法法》载有"痤眩（疽）之砭石"，均指砭石主要用于刺破痈肿及放血治疗。

石器时代分为旧石器时代与新石器时代，二者石器的区别仅仅是创造工艺的粗劣程度而已，其发展变化过程是逐渐的、相当缓慢的。赖以确定砭石出现时代的磨制技术，并不是新石器时代所独有的，它早在旧石器时代晚期即已出现。因此，砭石的产生不会晚于旧石器时代晚期。

基于以上原因，可以推断，至少在1万年以前，多伦就已经有了人类活动。1998年，中国地质大学"土地沙化"考察组在多伦县西南方向的水泉村附近发现了新石器时期细石加工场所，出土了大量由玛瑙、硅质岩打击而成的尖状器、刮削器、针状器、石核、石叶等石制器物，其数量之多实属罕见，精制程度也叹为观止。另外，多伦境内曾先后出土过石斧、石刮削器、石镞等器物，经考证为新石器时期原始人群遗物。从发现的这些石器可以看出，多伦历史悠久，有着深厚浓重的文化底蕴。而在其后的几千年历史发展进程中，草原文化、农耕文化也在这里演奏着华美的乐章。

燕秦长城

在民族和国家形成时期，中原建立了夏、商、周奴隶制国家，北方少数民族也建立了部落联盟或奴隶制国家，其中多伦就分布有山戎、东胡等部落。由于周朝统治着当时大部分地区，力量强大，而山戎、东胡等游牧民族力量比较弱小，所以他们向周朝进贡，与周朝保持着臣属关系。与此同时，又因为山戎、东胡等是游牧民族，为了维持生计、谋求发展，经常需要寻求新的牧场和狩猎场所，所以经常与周朝的燕国发生战争。最后的战争中山戎失败，一部分山戎族与燕国融合，一部分与东胡族合并，山戎族从此在多伦地区消失。

战国时期，处于北方的燕国国力不强，此时其东北部的东胡不断开拓疆域，发展到了燕国北部边界，给燕国造成极大威胁。燕国为社稷安宁，也为了应对秦国的侵夺，采取向东胡求和的办法，来争取时间，发展壮大国力。为了表示诚意，燕国将出身名门望族的年轻人秦开送往东胡做人质，表面上是向东胡妥协求和，实质是派遣秦开去获取情报，为进攻东胡做准备。秦开初到东胡，难免受到歧视，但他机敏灵活，战胜种种困难，渐渐得到东胡人的认可，又通过努力，被东胡授予了"勇士"头衔。秦开不负使命，掌握了东胡的地理环境、风俗人情、军事虚实及游牧作战的战术特点。后来，随着燕国实力逐渐壮大，东胡在与燕国的接触中得到的利益日趋减少，分歧渐渐增多，东胡首领遂首先打击人质，剥夺了秦开的"勇士"头衔，限制了他的行动自由。公元前313年，燕昭王即位，展露了要击败东胡并把疆土向北扩展的企图。而一旦两国交战，首当其冲的则是人质。秦开在东胡结交的好友，不愿看到他成为两国交战时东胡誓师的祭品，遂帮助秦开逃离东胡回到了燕国。

燕昭王十二年（公元前300年），燕昭王任命秦开为大将，率军反击东胡。几经恶战，东胡败退千余里离开了多伦，燕国解除了北部边防的军事威胁。为了防止东胡再次入侵，秦开率军民在北境修筑长城屏障，其起点为造阳（今河北省张家口附近），终点为襄平（今辽宁省

多伦境内的燕长城

5

秦长城示意图

辽阳一带），宽4～5米，高约5米，全长1000余公里，这就是"燕长城"。燕长城是中国最早的长城之一，这条长城自西向东从现在多伦县的大北沟镇进入丰宁县鱼儿山镇、万胜永乡、外沟门乡、围场县的东城子，再进入赤峰南，经喀喇沁旗，穿过老哈河、建平县、敖汉旗，延伸到北票东。

秦统一全国以后，为了防御匈奴的南犯，重新修缮、加固了燕、赵、秦的原有长城，并把三国的长城连接起来，筑成一条西起临洮、东至辽东郡最东端海岸，全长达5000多公里的"万里长城"，并在这个工程内外修筑了大量的亭、燧、障、城堡等作为屯兵戍守之所。其中多伦境内的秦长城遗址是自西向东分布的，从多伦大北沟镇的十五号向东，在鱼儿山镇三道洼北约2公里

的丰宁与多伦交界处进入丰宁境内。

公元前209年，被迫迁徙北方的东胡族，想通过武力夺取匈奴与东胡之间的千里弃地，遂发动了战争，结果被匈奴击败，从此东胡政权崩溃，东胡族也因此分为乌桓、鲜卑两个民族，多伦一带则成为燕国和匈奴的边界所在。

西汉初期，汉高祖刘邦着力加强中央集权统治，注重政策的调整，在处理与匈奴的关系上，主要采用联姻并赠送大量礼物的办法以求暂时的安宁。到汉武帝时改变了这种做法，他多次派大将率大军打击匈奴。元狩四年（公元前119年），汉骠骑将军霍去病率军击败匈奴左贤王部，迁徙乌桓于上谷、渔阳、右北平、辽东、辽西等郡边境居住，并封乌桓校尉，以此抵御匈奴的入侵。多伦从这时起便有了乌桓族居住。随后，鲜卑族也

汉代铜镜（一）

来到多伦一带生活。

汉献帝时，辽西乌桓大人丘力居从子蹋顿，有武略，总摄辽东、辽西、右北平三郡的乌桓之地，雄踞于北边诸部，不断参与汉族军阀之间的斗争。建安四年（199年），袁绍以汉献帝名义，赐乌桓蹋顿、峭王、汗鲁王以单于印绶，"抚有三郡乌桓，宠其名王，而受其精骑"。建安十年（205年），官渡之战后，袁绍病死。其子袁尚被曹操击败后，与弟袁熙胁迫冀州10万多军民投奔乌桓蹋顿。曹操为彻底消灭袁氏残余势力，北征乌桓，统一北方。曹操大获全胜，包括多伦附近的乌桓部族及汉民前后20余万人降者，被

汉代铜镜（二）

迁入中原，一部分乌桓人与中原汉族融合，从此多伦等地的乌桓人不复独立存在。

塞上滦源

晋武帝司马炎于265年取代曹魏政权而建立新政权，国号晋，定都洛阳，为区别于五代时的后晋，史称"西晋"，又称"司马晋"。西晋年间，我国北方鲜卑诸部先后兴起，鲜卑宇文部在滦河上游至老哈河一带生活。后拓跋部强盛，拓跋力微战胜强敌窦宾，于神元三十九年（258年）在盛乐（内蒙古和林格尔北）组成了部落大联盟。拓跋力微四传至禄官（295～308年）时，他把拓跋部一分为三，其中上谷以北、濡源（滦河上游）之西，即当时多伦地区，由禄官自领。

398年，拓跋珪灭后燕，建都平城（山西大同市东），即皇帝位，史称北魏，鲜卑族上升为统治民族。泰常三年（418年），北魏明元帝巡视濡源，即滦河上游多伦一带。《魏书·太宗》记载："东巡自濡源及甘松，遣征东将军长生道生、给事黄门侍郎奚观，率精兵两万袭冯跋。帝至自突门岭待之，道生至龙城，徙其民万余家而还。""甘松"即现在丰宁大阁至土城子一带，"突门岭"即丰宁土门梁，"龙城"即辽宁朝阳市区。北魏就是沿着大同、多伦、

丰宁、隆化、平泉一线多次东征北燕，终于在太武帝拓跋焘时期灭掉了北燕。拓跋焘还曾征伐过漠北的高车部落，把降服的大批高车平民迁至漠南，使其在东至濡源、西至五原，沿长城、阴山一带数千里的广阔草原上从事畜牧业，并派官进行监督管理。由此可见高车族也曾在多伦一带生活过。拓跋焘统一中国北方后，经三代帝王到了孝文帝时期。这一时期，柔然与北魏先战后和，战时柔然占领过北魏的漠南地区，其中包括多伦一带。

郦道元是北魏著名的地理学家，他出身于仕宦之家，自幼勤奋好学，是一位学识渊博的人。他在长期的做官过程中，足迹踏遍北方大部分地区，他留心勘察水流地势、山川风物，并将所见所闻随时记录，还在前人所著《水经》的基础上编写了《水经注》。他曾出使安州，对多伦、承德一带的山川河流进行了实地考察，对滦河水系各支流作了详细记述，他将多伦附近的滦河上游一带称为"濡源"，即指濡水（后被称为"滦水"或"滦河"）的源头。我们现在把多伦一带称为"滦源"之说，基本上是源自郦道元的"濡源"的提法。

534年，北魏分裂为东魏、西魏，多伦为东魏辖地。550年，东魏实权

人物高欢的儿子高洋自立为帝，以北齐取代东魏，多伦又为北齐辖地。

辽代贵妃墓

隋朝建立后，中国又出现了统一的局面。隋朝时期，北方少数民族有柔然、突厥、契丹、库莫奚等。

北魏登国三年（388年），魏道武帝率军击破库莫奚，并将其南迁到北魏的安州和营州（今丰宁、围场、承德和兴隆东北、滦平西北部），与边民杂居。到隋朝时，《隋书》称库莫奚为"奚"，其生活地域进一步扩展，基本上生活在今天河北省承德和内蒙古多伦以及辽宁建平西部这一地域，他们与隋朝保持着臣属关系。隋朝把北魏州、郡、县三级制改为郡、县两级制，统管多伦及承德地区，奚、契丹及其他民族则杂居于此，共同生活。

唐贞观二年（628年），奚人和契丹人先后叛离了东突厥，归附唐朝。唐朝在奚人的驻牧地区设都督府，封奚人首领为都督；又在契丹人的驻牧地设都督府，封契丹首领为都督，使他们成为唐朝的地方官吏。到武则天时期，契丹人和奚人叛乱归向突厥，此后，唐与契丹、奚时有战争发生。907年，契丹首领耶律阿保机经多伦横越内蒙古中部地区，到云州（今山西大同）与唐朝河东节度使李克用会晤，结为兄弟，壮大了契丹部的力量。907年，契丹建辽。924年，辽国皇帝耶律阿保机在多伦东北部的原始森林选风水宝地，举行盛大的祭天仪式，为辽国的兴盛祈祷上天，《辽史》称"拜日蹛林"。辽国在太祖耶律阿保机时期，就提出"以国制治契丹，以汉制待汉人"的政治制度，"北面治官帐、部族、属国之政，南面治汉人州县、租税、军马之事"。

辽国是游牧民族建立的政权，皇帝依然保留着游牧民族的习惯，总要外出行围打猎，即实行"捺钵制度"。"捺钵"是古老的契丹语，意为"行宫"，即"皇帝行走中的宫殿"。"捺钵"是以皇帝为中心（政务皆在捺钵中处理，捺钵之地实是辽国的政治中心、最高统治者所在地），以狩猎为主要表现形式的巡狩制度和游兴活动，分为"四时捺钵"，即"春水""夏凉""秋山""坐冬"。辽代君臣的日常生活、国政之中心不在"上京临潢府"，而在"捺钵"。"春捺钵"的活动以捕鱼猎雁为主，并借渔猎之机，大宴群臣和使节，约见各族首领、接纳贡品，商议国事；"夏捺钵"以避暑为主，并与北、南面大臣议国政，暇日游猎；"秋捺钵"以射鹿、召见各部落首领为主；"冬捺钵"以避寒为主，并与北、南面臣僚议论国事，有时还校猎讲武议政。

辽三彩

　　"平地松林"是辽国皇帝经常行围的猎场，具体位置在今天的木兰围场以及多伦东北和克什克腾旗交界一带。另外，多伦与丰宁坝上地区及沽源青城一带也是辽帝的重要夏季捺钵之地。特别是萧燕燕主持国政时期，辽宋战事吃紧，夏捺钵之地是辽国重要的后方补给地，意义非同一般。

　　2015年春天，多伦县蔡木山乡小王力沟发现了辽代萧氏贵妃墓。墓地的选择很讲究，整体朝向东南，左、右、后三方被山环绕，呈"椅子"形，向前远眺视野开阔，山下平原丘陵交错，远处依稀可见吐力根河，仿佛一幅专门为墓主人定制的山水画。这一考古发现入选"2015年度全国考古十大新发现"。墓葬中发现墓志一盒，中部阴刻篆书"故贵妃萧氏玄堂志铭"几字，首行撰"大契丹故妃兰陵萧氏玄堂志铭并序"。墓志详细记载了墓主人的生平、身世等情况，有一千多字。根据出土的贵妃墓志铭记述，该贵妃为辽圣宗的贵妃，生育一子两女。根据年代判断，其子名字叫佛宝奴，统和七年（989年）出生，幼年即夭；贵妃所生其中一女即长女耶律燕哥，封随国公主，进封秦国，兴宗封宋国长公主，下嫁萧匹里。

根据《辽史·圣宗纪》记载："九月丙寅朔，皇太妃以上纳后……辛巳，纳皇后萧氏……三月壬辰，皇后萧氏以罪降贵妃。"结合墓志铭有关贵妃年龄及结婚时间判定，该贵妃为辽圣宗的第一位皇后，其去世几年之后才"因获罪"由皇后贬为贵妃。而墓志铭记载，贵妃死后葬于庆云山，即后来辽圣宗的埋葬地永庆陵。由此可见，恐怕是因其家族成员的缘故，该皇后才在死后被降为贵妃，并将埋葬地迁往现在的多伦小王力沟。

萧贵妃家族是辽代后族中最为显赫的萧阿古只家族，其祖一族曾出现过五位皇后，还有十余人为王爵位，有北府宰相三十余人。

贵妃的父亲是萧排押，圣宗统和初，为左皮室详稳，讨阻卜等部。统和四年（986年），宋曹彬、潘岳两路攻辽，萧排押跟随太后萧燕燕击败宋军，后任南京统军使。统和十五年（997年），加政事令，迁东京留守。统和二十二年（1004年）又攻宋。此后为北府宰相。统和二十八年（1010年），率军攻打高丽，攻克开城，封兰陵郡王。圣宗开泰七年（1018年），又率兵攻高丽，大败而归。圣宗太平三年（1023年），封齐王。

贵妃祖父为萧达凛，是辽朝著名大将、统帅，是继耶律休哥、耶律斜轸之后的辽国又一名将。萧达凛性格敦厚，能识天文地理。统和四年（986年），跟随耶律斜轸讨伐杨业大军。杨业孤军奋战，被萧达凛放冷箭射落下马，并被生俘。自此，

辽代丝织弓箭囊

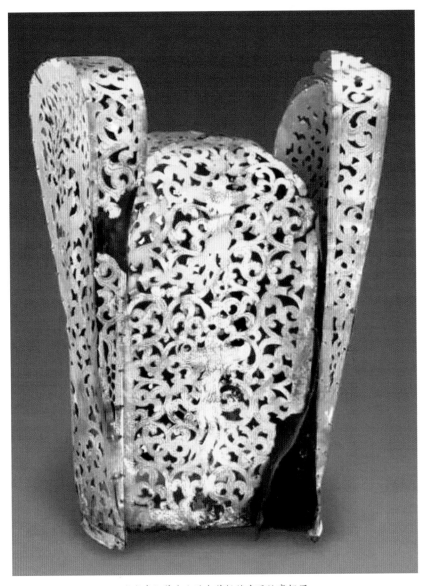

辽代贵妃墓出土的金花银镂空凤纹高翅冠

因为打败辽人心中的"杨无敌"而在辽国声名大振。曾任右监门卫上将军、检校太师，遥授彰德军节度使等职。在之后的一系列征战中屡立奇勋，特别是在讨伐高丽的大战中，大破蓬山郡，在迫使高丽称臣中有较大功劳。统和十二年(994年)，大败夏人，被封兰陵郡王。此后，他较长时间致力于辽的东北部边防。统和二十年(1002年)，被任命为伐宋的统帅，初战告捷，生擒宋将王先知，连破祁州等地，直指澶渊。

战时中宋兵埋伏，宋威虎军头张瑰暗发床子弩，击中其额，当晚，达凛身亡。翌日，萧太后亲送其灵柩回辽，罢朝五日，可见对其之重视。也正因为萧达凛之死，才达成"澶渊之盟"。

辽代贵妃墓出土的带把长流玻璃瓶

后宋真宗御驾亲征，鼓舞了宋兵士气。一日，萧达凛出城观察地形督

贵妃墓出土了金、银、铜、铁、玉、玻璃、琥珀等大量文物，其中墓志铭、金花银镂空凤纹高翅冠、金花银镂空凤纹高勒靴、缠枝蔓草纹鎏金龙纹玉带铐、玛瑙柄龙纹铜鎏金短剑、银丝玉佩等极为珍贵。墓葬出土瓷器为大宗，以定窑白瓷、越窑青瓷为主，间有影青瓷，所出土瓷器最大的特点是口、足多包金饰，

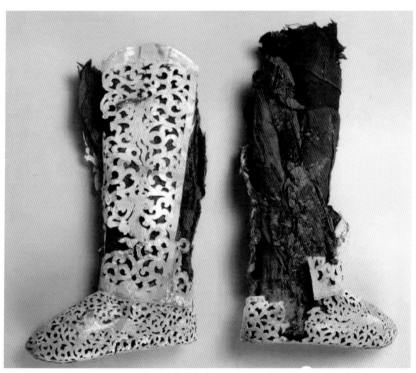

辽代贵妃墓出土金花银镂空凤纹高勒靴

辽代贵妃墓出土金镶玉龙纹玉捍腰

且加有金、银盖，反映出辽代宫廷用瓷的气派。其中仰覆莲纹白釉定瓷罐、鹦鹉纹影青执壶、金扣口白瓷盏等皆为辽代文物的精品之作。还出土了四件玻璃器，玻璃器呈绿、墨、褐等色，据分析其质地应为伊斯兰玻璃，为草原丝绸之路的研究提供了不可多得的实物资料。此外，还出土了泥俑、木俑、陶器等文物。贵妃墓中出土的代表皇室等级地位的高规格葬具，如银鎏金镂空凤纹高翅冠、金花银镂空凤纹高靿靴、金镶玉龙纹玉捍腰等，在内蒙古属于首次发现。

在辽代贵妃墓葬方圆10公里的范围内，考古人员进行了文物调查，发现了一座辽代城址、三处遗址、一处有墓葬迹象的墓地。随后，经考古人员重点勘探，继2015年发掘的辽代贵妃家族墓地1号墓葬和辽代贵妃墓葬之后，又发掘了四个墓葬，均有一些重要文物被发现。多伦小王力沟辽代贵妃墓的发现，印证了契丹的历史文化圈已扩大到了滦河流域，具有重要的史学价值。

忽必烈避暑行宫东凉亭

杨允孚是元代后期的著名诗人，他以布衣褴被，岁走万里，穷西北之胜。凡山川物产，典章风俗，莫不以诗歌记之。"东凉亭下水溶溶，

辽代三节莲花铜灯

敕赐游船两两红。回纥舞时杯在手，玉奴归去马嘶风。"这是杨允孚为忽必烈避暑行宫东凉亭写的一首诗。每年夏季，元朝皇帝从元上都来到这里避暑打猎。说到忽必烈的避暑行宫东凉亭，就要从忽必烈建设元上都说起。

1234 年正月，南宋和蒙古军联合，打败了金国。1251 年，忽必烈的长兄蒙哥继位，命忽必烈总领漠南汉地军国庶事。当年八月，忽必烈随之移驻漠南，把大本营设在金莲川，招徕汉族儒士和官员，并利用军队和流民开荒种地、发展农业。1252 年，忽必烈奉命征大理。1254 年，忽必烈回到多伦，驻地选在闪电河北岸扎忽都，并命谋臣刘秉忠"于岭北滦水之阳，筑城堡，营宫室"。历时三年，建城成功。大城背靠山峦，南临闪电河，眼前是一望无垠的草原，气势格外恢宏，遂命名为"开平"。1260 年，忽必烈在开平称大汗。一年后，忽必烈改开平为上都。1263 年，定都燕京，改称中都，1267 年又改称为大都（即今北京）。1271

年十月，忽必烈取《易经》"大哉乾元，万物资如，乃统天"之意，改国号为"大元"。接着对两都进行了大规模的修建，并实行两都巡幸制度。而这期间，漠南的多伦是忽必烈发迹和建元一统的重要地区。

行围狩猎一向是蒙古民族的传统，元上都附近地区则成为元朝皇室贵族的休闲避暑胜地和狩猎基地。对此，《马可·波罗游记》中写道："大汗（忽必烈）在这里建筑了一座宏伟的行宫，经常喜欢来这里驻跸。这座城市的周围有许多湖泊和河流，水上天鹅群集，成群的鹤、雉、鹧鸪等飞禽也来此栖息，还有丰富的

元代镏金铜象

元代卷云花卉纹青花杯

野兽供人行围狩猎，所以，蒙古大汗每到夏季必来此消暑度夏，享受乐趣。"忽必烈以后的元朝历代皇帝，每年四月便率臣僚赴上都避暑、狩猎，处理朝政要事，八九月间返回大都，这已形成定制。狩猎的地点主要在上都西北七百多里的三不剌川（今内蒙古锡林郭勒盟阿巴嘎旗一带）、上都以东五十多里的东凉亭（今内蒙古多伦县白城子古城）、上都西南一百多里的西凉亭（即白海行宫，今河北沽源县小红城子）。其中

东凉亭的汉白玉柱础石

多伦县城西北十多公里处的蔡木山乡白城子村（因原城墙多由白色石块砌筑故被称为"白城子"），即是忽必烈避暑的东凉亭。

至元元年（1264年）四月，上都御苑官员南家带，请求修建一处皇帝驻跸的凉亭。忽必烈下旨，要求"待农闲时再行建造"。秋后，即在上都河南岸的驿站基础上建造凉亭，凉亭建成后，取名为"东凉亭"，蒙古语称"只哈赤八喇哈孙"，意思是"鱼者之城"。据《口北三厅志》记载："上京之东五十里有东凉亭，西百五十里有西凉亭，其地皆饶水草，有禽

元代长乐宫铜镜

鱼山兽，置离宫巡猎至此，岁必校猎焉。"至元十三年（1276年），元朝在东凉亭设达鲁花赤镇守。延祐二年（1315年）以后，东凉亭达鲁花赤改由上都留守司尚供总管府

元代行军锅

掌管。尚供总管府，秩正三品。达鲁花赤一员，总管一员，并正三品；同知一员，从四品；副总管一员，从五品；判官一员，正六品；经历、知事、提控案牍各一员，令史、译史、知印、奏差等若干。其职责是守护东凉亭行宫和皇帝游猎供需事务。东凉亭是距离上都城最近的一处行宫，忽必烈及元朝以后的一些皇帝经常光顾于此，避暑休闲，狩猎游戏；同时，这里也是元朝军事要塞，甚至一些御前会议也在这里举行。

元朝行军万户所印

根据现存的遗址判断，东凉亭古城南北长408米，东西长330米，有东、西、南三门，根据门址大量的砖瓦来看，三门都有门楼。城的四面为垣墙结构，为板石砌筑；西墙最窄，地基宽3.8米；东墙最宽，残顶为4.5米。四面墙体或两侧生长着几十株榆树，其中东墙夹土中发现一枝朽断的榆树干茎，直径为27厘米。城的中央有一呈正"十"字形的大土台基，四侧规则地分布着九个小台基，大、小台基下遍布砖石瓦砾和黄、绿、蓝釉琉璃瓦残片以及汉白玉碎块。城内先后出土了汉白玉质柱础、旗杆插座、螭首门墩、一根烧焦的红漆松木断柱等建筑构件。大台基至南门铺设着方砖道。城外以北及东北一里处各有一个小城，其中东北的小城城垣残高约0.5米，城长67米、宽58米，内有房舍遗迹及瓷器碎片等。仅1958年，这个小城就挖掘出20多辆牛车的残碎缸片，可以肯定这是东凉亭尚供总管府库藏器具。

元代，多伦在军事上也很重要。文物部门曾在当地出土了一枚铜质的元代"行军万户所印"，说明当时在多伦附近曾设有十、百、千、万户组织。这个组织的户长是统管本地区军政大权的最高长官。

明成祖客死榆木川

1368 年，元顺帝妥懽帖睦尔退至上都城，元朝灭亡。退回北方草原的蒙古贵族继续保持着政权，这个政权史称"北元"。北元政权为恢复元朝的统治，发动蒙古各部，不断向南袭扰，对明王朝构成极大的威胁。

当时蒙古分裂为三部，即鞑靼部、瓦剌部和兀良哈部。明成祖朱棣对蒙古采取恩威并施、分化瓦解的策略。当时，兀良哈部早已归附，鞑靼部较强，朱棣有意联络瓦剌部与鞑靼部抗衡。永乐七年（1409 年），朱棣派遣使者与蒙古本部本雅失里汗讲和，本雅失里汗残杀使者断然拒绝。消息传到京城，朱棣大怒，命丘福率军 10 万征讨鞑靼部，丘福在饮马河（今蒙古国克鲁伦河）一

明成祖朱棣像

带全军覆没。朱棣遂决定亲征蒙古，以绝后患。朱棣从 1410 年至 1424 年，先后五次率军亲征漠北，最后一次亲征回师途中客死在多伦西北的榆木川。

朱棣亲征的行军路线大抵有两条：一条是出居庸关过怀来、土木到宣府，然后由宣府出师过长安岭、赤城、独石口（明时称独石堡），直抵多伦附近的开平（今内蒙古正蓝旗东），然后分头赴漠北寻找敌人作战；另一条是从宣府出发西行，过阳门堡（今河北万全县境内）、万全、兴和（今河北张北县）、沽源，到开平。这两条路线均是元时上都去往大都的驿路。

永乐八年（1410 年）二月，朱棣亲率 50 万大军出征漠北，太子留守南京，皇长孙留守北京。六月十五日，在斡难河南岸，明军追上本雅失里，双方大战，本雅失里败逃。明军在回师途中又遇太师阿鲁台部，激战几日之后，阿鲁台战败逃遁。朱棣第一次亲征大获全胜，从兴安岭东坡南下回师，又折向兴安岭西坡，八月二日驻军多伦附近的开平，十七日返回京城。而蒙古鞑靼部遭此重创，势力衰颓。

随着鞑靼部的衰败，瓦剌部强盛起来，时常骚扰明朝边境。永乐十二年（1414 年），朱棣决定第二

次亲征，并让皇长孙随行。六月七日，在忽兰忽失温（今蒙古国乌兰巴托东）遇到瓦剌主力。这场战斗异常惨烈，双方损失相当，战至傍晚，朱棣见两军胜负未决，亲率几百名精锐骑兵为前锋，继以火铳进攻，骑兵乘势力战，瓦剌军败退。

永乐十七年（1419年），阿鲁台击败瓦剌部，并逐渐控制了游牧于朵颜山一带的兀良哈三卫，势力渐强的阿鲁台，开始了与明朝的摩擦对抗，劫掠明朝边境地区。永乐十九年（1421年）正月，朱棣迁都北京后，即开始调兵遣将。永乐二十年（1422年）四月，阿鲁台派兵猛攻兴和（张北一带），明军守将王唤战死，朱棣急忙亲率大军前往兴和，阿鲁台闻讯撤离兴和北去。六月，朱棣进抵多伦一带的开平，操练军旅，积极备战；而后，派一路军向东北方向行军，及至呼伦湖也没有遇到阿鲁台主力。朱棣决定回师扫荡兀良哈部。于是，明军以两万步骑从呼伦湖往东南进发。荡平了兀良哈三卫后，明军又分两路回师。

永乐二十一年（1423年）夏，阿鲁台又率兵南下袭扰明朝边境地区。八月二十八日，朱棣诏皇太子朱高炽监国，发兵30万第四次出征。这次出征，朱棣采取大军驻扎于塞外按兵不动的策略。十月，师进西洋河（怀安柴沟堡镇以西）时，朱棣闻知阿鲁台在克鲁伦河被瓦剌部脱欢击败，于是驻师不进。明军离京两个多月，一直在宣府、万全一带驻扎，停留边境进退不能，始终未能与阿鲁台部交锋。十一月末，明军决定班师。

永乐二十二年（1424年）正月，阿鲁台部兵犯兴和、开平、大同一带。朱棣诏群臣商议对策，最终朱棣决定再次北征，这是他即位以来的第五次亲征漠北，也是最后一次。

四月初三，朱棣率领着30万大军出宣府北行。四月二十五日，明军过独石口，前锋金忠俘获了阿鲁台部将领把里秃等人，获知阿鲁台已经北渡答兰纳木，避开了明朝大军的兵锋。朱棣命张辅、朱勇左掖军搜山谷300余里，但仍然不见阿鲁台部，便又继续北行。明军寻找不到敌人的踪迹，陷入困惑的境地。

一天，朱棣夜间做了一个梦，他梦见红红的太阳落山的景象，感觉此为不祥之兆，于是他与诸将商议，决定兵分两路南归。朱棣率骑兵东行，武安侯郑亨领步兵西行，在多伦附近的开平卫会师。七月十六日，朱棣率领的骑兵到达苍崖川戍卫，他感到身体不适；十七日，前行至榆木川，朱棣病危；十八日，去世。

随军的大臣张辅、杨荣、金幼孜和太监马云等人密议，把军中的锡器收集起来，秘密铸成了一口锡棺，将朱棣的尸体装殓在锡棺里，又将锡棺放在龙辇上。他们担心将士知道内情后会军心不稳，每天早午晚照常上膳，使外人不知。一切操持妥当后，大臣杨荣和太监海涛先行，日夜兼程赶赴京城，向太子朱高炽密报朱棣的丧讯。大军则照常前行，行军七八日按原计划到达开平。为防止遗体腐烂，他们秘密派人在滦河附近的二阴滩地的泥淖中取冰块放在锡棺旁，冷却锡棺。

八月二日，杨荣和海涛回到京城，送上遗诏。为了安定局面，太子朱高炽不能离开京城，命其儿子朱瞻基前往开平迎丧。而在开平的明军，依照既定路线走独石口，经赤城，过雕鹗，回北京。皇太孙朱瞻基八月七日赶到军中时，明军已经到达雕鹗。这时才对外宣布皇帝崩逝的消息。八月十日，朱棣的遗体被迎入北京城，停放在皇宫中的仁智殿内，后葬于北京明十三陵的长陵。八月十五日，太子朱高炽奉遗诏登上皇位，这便是明仁宗。

人们常说"出师未捷身先死，长使英雄泪满襟"，朱棣五次亲征大漠，书写"三犁虏廷，五出沙漠"的历史，汉族天子亲征塞外者，千古只此一人。朱棣经略漠北确实起到了沉重打击蒙古本部的目的，使得北元再入中原的梦想破灭了。遗憾的是，朱棣客死榆木川之后，明朝大规模出征漠北的魄力也随之消失。从此，明朝的防线一缩再缩，直至长城之内。

多伦诺尔会盟

康熙二十九年（1690年），对于清王朝来说，是一个非同寻常的年份：西北边陲风烟骤起，长期割据一方的准格尔部噶尔丹率兵东进，占领了漠北喀尔喀蒙古的游牧地；又以追击喀尔喀蒙古部落首领土谢图汗和哲布尊丹巴为名，南下漠南蒙古，战火一直烧到了多伦以北的乌兰布通。结束了三藩之乱才九年的清王朝，在这种局势下，面临着一次重大抉择，正是这个抉择让多伦这片土地与一个王朝的命运紧紧联系到一起。

事情起因于漠北喀尔喀蒙古三部的内讧及准格尔部噶尔丹势力的膨胀。喀尔喀三部在蒙古诸部落中，人口最少，但占地却最广。其中，车臣汗部在东部，土谢图汗部在中部，扎萨克图汗部在西部。三部由于属民和牲畜归属问题长期不和，摩擦频繁，直至兵戎相见。对待喀尔喀内部事务，康熙主张采取调解的方式平息争端，他派遣理藩院尚书阿喇尼赴漠北，同时邀请五世达赖喇嘛派代表一同调解喀尔喀内部的矛盾。然而，事态的发展并不以康熙的意志为转移，噶尔丹趁机越过杭爱山，很快打败了喀尔喀蒙古，致使喀尔喀三部首领土谢图汗和哲布尊丹巴活佛及数十万部众投奔了清朝。当他们进入漠南蒙古之后，康熙认为他们就是大清的属民，便发放归化城、独石口、张家口等地仓储救济，并将科尔沁等地的部分游牧地借给喀尔喀部众，用以安置。

为了应对噶尔，康熙在1689年与沙俄签订了《中俄尼布楚条约》，最大限度地排斥了外来势力的干预，从而切断了有恃无恐的噶尔丹的外援。康熙二十九年（1690年）六月，噶尔丹以追击土谢图汗为名，率两万铁骑，越过清朝呼伦贝尔边防地界，闯入漠南的乌珠穆沁，抢掠人畜。康熙令理藩院尚书阿喇尼和兵部尚

康熙画像

书纪尔他布调集四万军队堵截噶尔丹。双方在乌尔会河决战，结果清军惨败，几乎全军覆没。

当时，噶尔丹的势头非常迅猛，几乎是势不可挡，而且初战获胜后，逼近乌兰布通，这里距北京仅九百里。一时间，北京震动，人心惊慌，清廷急忙调兵遣将：以裕亲王福全为抚远大将军，率左翼清军出古北口；以恭亲王常宁为安北大将军，率右翼军出喜峰口。康熙御驾亲征，后因罹病停驻在波罗和屯，指挥各路大军在木兰围场及多伦东部的吐力根河一带集结。噶尔丹所占据的乌兰布通，树林茂密，中间山势险要，东西两侧是较开阔的沼泽地，可谓依林阻水，为易守难攻之地。

八月一日黎明前，裕亲王福全指挥全军渡过多伦东北的四道河口，中午抵达乌兰布通。清军隔河而阵，以火器为前列，遥攻山林。噶尔丹摆好了阵势，将一万头骆驼捆扎卧地，背上搭箱垛，盖湿毡，列阵于山下，士卒则在垛隙之间发矢铳、备钩距，此阵号称"驼城"。这次战役打得十分激烈，炮声隆隆，声震天地，据当时一个外国传教士的记述："大战以大炮、火枪互相轰击开始，继而两军士卒肉搏，双方展开了殊死的战斗。"

在清军的英勇进攻下，噶尔丹

的"驼城"被攻破。交战至掌灯之时，双方伤亡都很大，康熙的舅舅佟国纲中枪身死。后由于噶尔丹军队的顽强抵抗，清军不得不鸣螺号收兵。八月二日，裕亲王福全整顿队伍，集中火炮，轰击山林并拼死攻山。但是噶尔丹军队据险抵抗，使清军的攻势毫无进展。福全只好收兵暂息。正在山顶观战的西藏活佛济隆呼图克图与噶尔丹商议，如此被长期围攻，恐兵马粮草不济，不战而自败。于是，他们决定派人去清营"卑词乞和"，以图脱身。八月四日，济隆呼图克图率其70多名弟子下山，与福全会晤。当晚，噶尔丹率残部逃之夭夭，清军失去了歼灭噶尔丹的最有利时机。

康熙三十年（1691年）二月，噶尔丹再次率兵劫掠喀尔喀境内，漠北烽烟又起。康熙说："朕因是深知此人力强志大，必将窥伺中原，不至殒命不止。"

而在此时，喀尔喀蒙古扎萨克图汗部与土谢图汗部的纠纷尚未得到解决。也正是因为喀尔喀两翼不和，才给噶尔丹以可乘之机，以致残破。只有立即解决喀尔喀两翼纷争，方能集中力量对付噶尔丹。因此，康熙决定尽快举行会盟，为彻底歼灭噶尔丹在政治上做好准备。故而春节刚过，康熙就发出谕令，认为

喀尔喀之事，宜尽速理断，拟于清明前后、青草萌发之时，出临会阅，并决定亲临塞外主持这次会盟。

康熙十分重视这次会盟，命令理藩院会同内大臣详细议定有关事项，认真做好准备。会盟地选在多伦的上都河与额尔腾河之间。《清实录》称这里为"七溪"，距北京约800里。之所以将如此重要的会盟地选在这里，康熙认为："清淑平旷，饶水草，而扎萨克之来朝者，道里适中。"也就是说，多伦地势平旷，水草丰美，便于参加会盟的内、外蒙古王公扎萨克能如期到达，不至于因为路途遥远而贻误会盟。喀尔喀土谢图汗部、车臣汗部王公，遵照清廷的指令先期汇集于元代之上都与吐力根河交界之地，扎萨克图汗部王公汇集于上都与黑风河交界之地，等待康熙的到来。

康熙三十年（1691年）四月十二，康熙亲率扈从诸臣及上三旗官兵起行，出古北口，溯滦河而上，前往多伦。黎明，在太和殿前举行了隆重的出巡仪式，皇长子胤禔、皇三子胤祉随行。出城时，大路两旁旌旗招展，鼓乐齐鸣。下五旗官兵则出独石口，会师于多伦。由于这次会盟康熙已经谋划多时，诸事安排妥当，成竹在胸，心情颇为舒坦，故出古北口后，沿途一边行军，一

边围猎。康熙自己不扶缰绳，快马急驰，满弓发射，动作骁勇，技艺娴熟，显示出马上皇帝的无畏气魄。

四月三十日，康熙抵达多伦，亲自选定御营营址。整个御营气势宏伟，旌旗招展，守卫森严。行人进出有序，一派帝王之尊。在围绕御营的远处，设有二十四讯哨，讯哨中的清军军容威武、气势雄壮，警戒着四面八方。康熙到达多伦之后，喀尔喀蒙古各部、漠南四十九旗王公，按众星捧月的布局，移近御营五十里驻扎。

五月初一，是康熙预定召见喀尔喀三部王公台吉的日子。在召见之前，康熙为了妥善解决彼此之间的矛盾，采取了两项收服人心的措施。其一，给扎萨克图汗部下达谕书，说扎萨克图汗在世时，一向对大清朝忠心，"抒诚进贡"，册封扎萨克图汗的弟弟策旺扎布为亲王。康熙的这一举措，意在安抚扎萨克图汗部众，使他们所受怨痛得以平缓。其二，将土谢图汗请罪之疏，发给喀尔喀各部王公贵族议定。这并不是将清政府的意志强加于人，而是使受屈者能一吐胸中块垒，求得各方谅解，使喀尔喀人逐步认识到和衷共济的重要。为此，在发众议之前，康熙先让车臣汗部扮演说劝的角色，

乌兰布通之战

让车臣汗部的王公认识到是因为喀尔喀内部的不和方才导致"国家破亡"，应该汲取教训。经过私下的调解，多年宿怨一朝冰释，问题得到圆满解决。

五月初二，举行盛大的会盟大典。会盟场地布置得十分庄重。在御营外十步远的地方搭起了康熙的黄色大帐篷，坐北朝南，御座设于铺着华丽毡毯的平台上。距离御座十步远向南两侧，是紫红色的长帐篷，这是为参加会盟的大臣、蒙古各部旗王公准备的。正对御座有一帐篷，帐内桌上摆满了金器、瓷器等用具。整个场地呈长方形。在皇帝御帐两侧的长桌上，摆满了丰盛的食物。御营内，特意从北京带来了四头大象，它们装饰华丽，站在御门两侧，每侧两头，同御马站在一起。八旗禁军佩带武器肃立，军官甲胄鲜明，立于前排，旗手高举着绣有金龙的黄、白、蓝、红旗帜。

清晨，身着朝服的大臣们以及漠南四十九旗王公等都列坐于左侧帐内，喀尔喀人分7行列坐于右侧，再加上环列而坐的宰桑、护卫等，共1000多人。哲布尊丹巴活佛、土谢图汗、车臣汗、扎萨克图汗的弟弟策旺扎布四人坐在第一排。康熙着朝服出御营升座，鼓乐齐鸣。喀尔喀王公贵族在理藩院官员的引领下，向康熙帝行三跪九叩礼。康熙宣布宽宥土谢图汗之罪，颁赐印鉴和册文。然后，宣布应允喀尔喀贵族"请照四十九旗一例编设"的请求，将喀尔喀编为三十四旗，旗下设参领、佐领，给地安插。康熙还宣布实行清朝的封爵制度，革除自成吉思汗以来实行的济农、诺颜等封号，分别封为亲王、郡王、贝勒、贝子、公、台吉等。这样使喀尔喀在政治体制上与漠南四十九旗受到同等对待。朝见仪式进行了约半个小时，会盟典仪结束，然后举行了赐宴。对此，张诚在日记中记载："宴会总共设有200多桌，康熙亲自将酒递给哲布尊丹巴活佛，然后给土谢图汗、车臣汗和策旺扎布亲王，再次给二十位主要台吉，以示对喀尔喀人的特殊恩宠。"

五月初三，康熙再次召见土谢图汗、哲布尊丹巴活佛、策旺扎布、车臣汗等35名喀尔喀主要王公贵族，并赐宴。康熙对众人表示，昨天虽然已经赐宴，今天朕为了和大家进一步熟识，所以，特意招入帐内，并命"各陈所欲之言，抒怀共语，勿因在朕前过于拘束"。康熙特意安排这次宴会，是想在亲切的气氛中，给喀尔喀各部以畅所欲言的机会，以此来增进感情。宴会进行了三个小时。在此期间，康熙和喀尔

多伦诺尔会盟纪念碑

喀的各位汗、亲王等亲切交谈，特别和坐在身边的哲布尊丹巴进行了交谈。这种不拘于君臣之礼的交谈，自然能够收拢人心，从而使喀尔喀的归来之众能诚心诚意地拥戴清廷。为此，康熙还赏赐给各喀尔喀活佛、

汗、王等礼物，众人感恩不已。在群情激动之时，康熙不失时机地宣布谕旨："各守法度，力行恭顺。若违法妄行，国法俱在，凡事必依所犯之法治罪。"至此，顺理成章地将清王朝的法律实施于喀尔喀蒙古各部。

五月初四，康熙为了展示清王朝强大的军事力量，让喀尔喀人在感谢"圣主深仁"的同时，也震慑于皇帝的权威和清军的军威，决定在多伦的一片宽阔的草原上举行军事大阅。八旗劲旅全副武装，排列齐整，等待康熙的大阅。在场的法国传教士张诚在日记中记载："皇帝身着戎装，头戴镶有貂皮的头盔，佩带挎刀和弓箭，由皇长子胤禔、皇三子胤祉陪同，在内务府官员和全副武装的侍卫簇拥下，乘马检阅军队。"在多伦草原上举行的这次空前规模的军事大阅，是由康熙皇帝亲自指挥的，它显示了康熙亲自统领清军歼灭噶尔丹的决心。

五月初五，为了安抚喀尔喀的下层贵族和普通百姓，康熙巡视了喀尔喀人的营地，看到他们穷困的境况，康熙赏赐了一些银币，又令调集大批牛羊颁赐给喀尔喀三十四旗。康熙的怀柔和安抚举动，感动了在场的喀尔喀王公，他们一同向康熙请求："愿建寺以彰盛典。"于是，康熙决定在"川原平衍，水泉清溢"的会盟之地，创建一座寺庙，这就是后来成为清代漠南蒙古地区宗教圣地的多伦汇宗寺。

康熙在多伦休息了一天后，于五月初七起程回京。在此之前，康熙单独召见了哲布尊丹巴活佛，一再叮嘱他要保持家族内部亲王间的和睦共处，并将御用的帐幕和用品赏赐给哲布尊丹巴活佛。康熙临行前，喀尔喀王公贵族列队跪送皇帝的车驾南旋，康熙以极其和蔼的口吻与他们话别。

在多伦诺尔会盟过程中，康熙皇帝显示出一位杰出的政治家的风范。为了实现团结蒙古各部、最大限度地孤立噶尔丹的战略意图，他通过令土谢图汗谢罪、众议、赦免，首先平息了喀尔喀内部的怨恨和纷争；又通过宴会、封爵、多次召见、赏赐、抚恤贫困、尊其信仰创建寺庙，施恩于喀尔喀；再通过举行大阅、检阅军队，恩威并施，刚柔相济，推行清政府的政治和法律制度，完成了对喀尔喀蒙古行政体制的全面改革，重建了喀尔喀蒙古的秩序，标志着喀尔喀蒙古正式纳入清帝国的版图。

康熙在回京的路上很精辟地概括了多伦诺尔会盟的意义："昔秦兴土石之工修筑长城，我朝施恩于喀尔喀，使之防备朔方，较长城更为坚固。"而会盟后所创建的汇宗寺不仅是漠北喀尔喀蒙古各部和解、清政府对漠北蒙古施行有效统治的历史象征，更且是中华民族统一的重要历史见证。

康熙敕建汇宗寺

多伦诺尔会盟后，随即开始了寺庙的创建。这个工程最初由清廷拨付银两，由哲布尊丹巴活佛主持兴建。

当时噶尔丹依然盘踞在漠北，内迁的数十万喀尔喀蒙古民众需要一个公认的政治和精神核心，清廷则通过这一核心使暂时避居漠南的民众精神上达到统一，以此最大限度地孤立噶尔丹。这个核心就是以哲布尊丹巴活佛为首的喀尔喀蒙古的封建王公。哲布尊丹巴一边修建寺庙，一边演经说法，并组织喀尔喀各旗王公到木兰围场参加康熙皇帝的围猎活动。

一世哲布尊丹巴活佛坐像

寺庙初步建成之后，成为寄居漠南的喀尔喀人朝拜的中心，哲布尊丹巴则在这里主持宗教活动，康熙也"或间岁一巡，诸部长与此会同述职"，使其成为康熙在多伦驻留时召见蒙古王公的场所。喀尔喀诸王公从此完全承认了清朝的宗主权，他们各自作为清朝的一翼，努力表达对清廷的忠诚。

康熙三十四年（1695 年），噶尔丹再度攻入喀尔喀腹地。第二年，康熙亲率三路大军横绝大漠，在昭莫多一举击溃噶尔丹主力，收复漠北。康熙三十六年（1697 年），噶尔丹众叛亲离，逃至阿察阿穆塔台地方，于闰三月十三日病死。噶尔丹败亡之后，暂居在漠南蒙古的哲布尊丹巴活佛及喀尔喀部众随即返回漠北故里。康熙又派遣青海郭隆寺法台章嘉呼图克图到长城沿线传教，并主持寺庙的后续工程建设。康熙三十九年（1700 年），寺庙主体工程完工，内务府和工部奏请康熙等待木料干燥一年再进行油饰彩绘，得到康熙的准许。康熙四十年（1701 年），康熙派内务府郎中景珠前往多伦督工。四月初十开始油饰彩画，到六月二十四，整个庙宇的油漆工程全部完成。根据清代内务府档案，寺庙彩画所用的桐油、飞金、五色药、绳、麻、菰钉等均由工部从北京运至。

汇宗寺大殿

汇宗寺中心轴建筑

康熙四十年（1701 年）七月二十八日，寺庙的三尊大佛像落成开光。墨尔根绰尔济、章嘉活佛以及被康熙宥免罪行的济隆活佛奉命主持了开光仪式。康熙皇帝亲临庙宇，拈香礼佛，巡游观赏之后，极有感触，对随行的内务府大臣讲：行抵多伦庙看得所建雄浑坚固，砖瓦石料均属上乘，朕心甚悦。只是寺庙中央供奉的佛尊之外，并没有别的物品，略显空寂。于是，康熙令随行的大臣比照畅春园永宁寺所供奉的样子，造办一份。并叮嘱大臣，多伦因属偏远地方，如果用金银铜等制造，恐生意外，应全部用木料细雕而成，刷以金漆。现在正是上

漆的好时节，应从速造办，不误时节完工。同时康熙给扎萨克喇嘛彭苏克格隆等颁降谕旨："多伦诺尔庙大殿供奉十八罗汉、四天王，著照永宁寺画像绘制悬挂，并印制甘珠尔经一套。其后殿、前后两侧配殿，应供何佛之处，著尔等议奏。"

内务府大臣等接旨后，立即回京调查北京西郊畅春园永宁寺供奉佛尊、法器情况。根据调查结果，制定出多伦庙的供奉方案，并迅速奏报康熙帝，得到御批。关于佛像制作事宜，内务府当即派员外郎马保住监绘佛像，扎萨克喇嘛彭苏克格隆接奉谕旨，经与马保住核计，所需绘制佛像 52 张，并印制《甘

珠尔》经一套，奏报康熙皇帝后，得到康熙的准许，还要求福全不时加以巡察。

多伦庙所要陈设的佛像、供器、经卷等，经过半年的绘制造办，在康熙四十一年（1702年）初全部完成。运送这些物品，需用轿夫170人、车36辆，其中轿夫由沿途地方官调用，车辆从兵部驿车中调用，同时派内务府闲散大臣一员、披甲10名随行料理。

康熙四十年（1701年），寺庙基本建成，清政府规定，由内、外蒙古各旗各派一名喇嘛住该庙，同时，康熙下达谕旨，任命章嘉呼图克图为"多伦诺尔喇嘛庙总管漠南蒙古喇嘛事务之扎萨克喇嘛"，规定他每年夏避暑多伦，冬返京任职。康熙四十四年（1705年），康熙再次到多伦，视察寺庙，查访各旗喇嘛来多伦住庙情况。当时，蒙古各旗王公集合多伦，奉献"九白之供"，康熙极为高兴，让章嘉呼图克图久居此庙。康熙五十二年（1713年），康熙到多伦视察，看到寺庙建设得庄严宏丽，各旗来的喇嘛均能专心

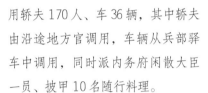
汇宗寺释迦牟尼殿前的会盟碑

诵经礼佛，故应章嘉活佛之请将多伦庙正式命名为"汇宗寺"。据康熙本人解释，寺名的含义是指蒙古各部"恪守侯度，奔走来同，犹江汉朝宗于海"。意思是说，蒙古各部恪守屏藩，共同拥戴清王朝，犹如江河之归于大海。

对于清廷来说，通过创建汇宗寺，蒙古各旗往这个寺庙派住喇嘛，一方面可以通过这些喇嘛了解各旗的情况，另一方面还可以通过这些喇嘛将清廷的意愿传递给各旗。因此，这座敕建寺与其他寺庙的区别在于具有很强的政治功能。它既是蒙古地区喇嘛教的中心，也是清政府与蒙古王公的集会场所。此后，康熙帝经常到此巡察，内、外蒙古各旗王公也来此"述职"。

雍正敕建善因寺

雍正五年（1727年）十一月庚午，雍正皇帝下了一道诏书，诏书写道："哲布尊丹巴呼图克图，其钟灵原有根源，乃与达赖喇嘛、班禅额尔德尼相等之大喇嘛也，故众喀尔喀俱尊敬供奉之，且伊所居库伦地方，弟子甚众，著动用帑银十万两修建大刹，封伊后身俾令住持，齐集众喇嘛，亦如西域讲习经典，宣扬释教。再多伦诺尔地方，乃众喀尔喀归顺时，我皇考巡狩于此，众喀尔喀齐来朝觐之地，应造寺宇，以表彰之，俾去世之张家胡土克图（即章嘉呼图克图）居住。张家胡土克图者，西域有名之大喇嘛也，唐克特人众敬悦诚服，在达赖喇嘛、班禅额尔德尼之上，各处蒙古亦皆尊敬供奉。今其后身，禀性灵异，

雍正画像

确实可据。著将多伦诺尔地方寺宇，亦动帑银十万两，修理宽广，使张家胡土克图之后身住持于此，齐集喇嘛，亦如西域讲习经典，以宣扬释教。蒙古汗、王、贝勒、贝子、公、台吉等，既同为檀越。"

这是说，雍正要动用国库银二十万两，在喀尔喀蒙古和漠南蒙古各建一座寺庙。在喀尔喀蒙古所建的这座寺庙就是现在蒙古国的"庆宁寺"，蒙古名"阿穆尔巴雅斯嘎朗图寺"，位于蒙古国色楞格省会苏赫巴托市西南二百公里的依臻郭勒河的支流诺木图戈里洪河畔、布隆汗山的南麓，是蒙古国北部最为著名的佛教圣地。在漠南蒙古所建的寺庙，就是建在多伦汇宗寺西南方向山丘上的善因寺。

康熙去世时，一世哲布尊丹巴来朝致祭，于第二年圆寂于京师黄寺。雍正命散秩大臣尚崇廙等护送哲布尊丹巴龛座前往喀尔喀，并根据康熙的遗诏，为安置哲布尊丹巴活佛的舍利而营建新庙，这是雍正敕建庆宁寺的原因。而雍正在多伦已有汇宗寺的情况下又建善因寺的目的，是巩固和维护章嘉活佛系统在漠南蒙古地区的崇高威望。

雍正六年（1728年）春，清廷从京城调来大批工匠，开始了善因寺的建设。到雍正九年（1731年）

雍正御批多伦善因寺和漠北庆宁寺建筑图（中国第一历史档案馆藏）

九月，历时四年，主体工程告竣。

新建的善因寺，布局工整，气势宏伟，金碧辉煌，更加显示出皇家寺院的气派。无论从建筑材料的运用，还是建筑形制，都远远超过了汇宗寺。善因寺建成后，雍正帝题写的"敕建善因寺"五字，制作成汉白玉匾镶嵌于寺庙山门门楣之上，题写的"善因寺"寺名，以满、汉、蒙古、藏四种文字制成木额悬挂于大经堂二楼门楣上方，御书"慈云广被"金字匾悬挂于释迦牟尼殿门楣上方，"御制善因寺碑文"制成汉白玉碑，立于大经堂前的碑亭内。在御制碑文中，雍正回顾了先帝康熙在多伦诺尔会盟喀尔喀蒙古

王公、使喀尔喀三部归附清廷以及创建汇宗寺的经过，指出敕建善因寺的目的是让历辈章嘉呼图克图主持该寺，集会蒙古地区的喇嘛和民众，维护清朝的一统，并深刻地揭示出清廷维护黄教在于"因其教，不移其俗，使人易知易从"的民族宗教政策。

雍正十年（1732年），准格尔部贵族屡屡发兵进攻喀尔喀，二世哲布尊丹巴活佛的处境十分危险。为确保其安全，闰五月二十二日，二世哲布尊丹巴呼图克图在徒众八百余人的扈从和其母垂穆朝的照料下移往多伦。经清廷的精心准备和安排，二世哲布尊丹巴呼图克图

善因寺大殿

一行于当年秋天入住善因寺。一时间，善因寺香客盈门，热闹非凡。善因寺便成为少年二世哲布尊丹巴呼图克图得到妥善庇护和接受教育的最佳场所，同时也拉近了二世哲布尊丹巴呼图克图与清政府的关系。

雍正敕建善因寺，同康熙敕建汇宗寺一样，对加强蒙古地区的统治、联络蒙古民众、巩固北部边防具有非常重要的意义。如果说清廷通过多伦诺尔会盟，改革了喀尔喀蒙古的行政管理体制，确立了对蒙古草原的有效统治，那么汇宗寺和善因寺的修建，则让清政府借用章嘉呼图克图和哲布尊丹巴呼图克图特殊的社会地位和政治影响，号令蒙古各部，加强了清政府对蒙古地区的统治，而多伦在这一过程中逐渐发展成为蒙古地区的藏传佛教中心和贸易中心。

草原佛都

由于清朝统治者的极端重视，康熙、雍正两代帝王倾心建立的汇宗寺和善因寺，在其后的二百多年时间里，实际上扮演的是蒙古藏传佛教总本山的角色，它对于稳定漠南、漠北蒙古，加强中央政府与蒙古各旗的联系，发挥了极其重要的作用。

"总本山"也叫"大本山"，是藏传佛教系统进行自身管理的中心机构，也就是管理寺庙的寺庙。从藏传佛教的教义上来讲，它的总本山应该在西藏拉萨。明朝中叶以后，藏传佛教再度广泛传播到蒙古地区，它在与蒙古族固有的萨满教的长期斗争和融合的过程中，逐步形成了具有一定的蒙古民族特色和民族心理认同特质的藏传佛教体系，这就是我们所说的"蒙古藏传佛教"。

蒙古藏传佛教在清朝初期即有摆脱西藏宗教控制的迹象，而漠北的哲布尊丹巴活佛与噶尔丹之间的斗争，在某种程度上，也具有争夺宗教权益的性质。多伦诺尔会盟期间，康熙也清醒地认识到，以达赖喇嘛为绝对的中心，由达赖喇嘛号令蒙藏地区的局面，对于清王朝统一蒙藏是十分不利的。所以，在会盟中，他果断升任哲布尊丹巴活佛为喀尔喀蒙古的大喇嘛，并令其在多伦建设庙宇，演经说法，收拢喀尔喀民心，为最大限度地摆脱西藏宗教集团的控制打下了坚实的基础。当汇宗寺基本建成，一世哲布尊丹

巴活佛及喀尔喀民众返回故土时，康熙立即赐封自己比较信任的章嘉活佛为汇宗寺扎萨克大喇嘛，授予"多伦诺尔总管漠南蒙古喇嘛事务之扎萨克喇嘛"印信，代表清政府管理整个漠南地区的寺庙和僧众。这样一来，清政府可通过这座寺庙来传达自己的意志，即通过汇集来的全蒙古派遣的喇嘛来统一各旗、庙的思想，最终达到全蒙古的思想统一。清政府把蒙古作为最大的盟友，通过宗教来树立起民族和睦的旗帜，从而实现蒙古的统一。

蒙古社会各阶级最强大的思想根基是藏传佛教，清政府对喇嘛进

善因寺土木图仓

善因寺大吉瓦仓正殿

行管理，即在蒙汉接壤地带的多伦汇集各旗喇嘛对其实施统一的教育，从而达到按照清政府的意志统领蒙古全体民众的目的。虽然西藏有总本山，但它只是藏传佛教教义上的总本山，而蒙古藏传佛教的影响力是体现在多伦的，从这种意义上看，多伦的寺庙在清代承担着蒙古藏传佛教总本山的职能。

哲布尊丹巴活佛在库伦的寺庙

善因寺大经堂东侧建筑群

蒙古国庆宁寺 (阿穆尔巴雅斯嘎朗图寺)

无论从信仰上还是从经济上都有很大的势力，如具备以哲布尊丹巴活佛为中心的拥有一万喇嘛的大寺。但这些寺庙毕竟不是清政府直接建立起来的寺庙，与多伦的两寺相比，在清朝皇帝的心里，多伦的寺庙更便于实施其意志。所以，多伦的两寺完全是由清政府直接建立起来的宗教中心，是代表清廷对蒙古地区进行宗教统治的总本山。

在藏传佛教四大活佛系统中，章嘉活佛系统是最受清政府信赖和

锡哷图活佛仓

善因寺释迦牟尼殿宝冠如来像

偏爱的，是具有特殊身份的活佛系统。康熙四十年，汇宗寺基本建成，清政府规定蒙古各旗每旗必须派遣一名僧人住汇宗寺。所派喇嘛，不仅包括漠南蒙古各旗，也包括哲布尊丹巴活佛所控制的漠北喀尔喀各旗，可以看出，这座敕建寺的建立与其他寺庙的区别在于其具有很强的政治功能。同一年，管理寺庙行政的喇嘛印务处也随即开设，章嘉呼图克图以多伦最高活佛的身份掌管着教权并携带扎萨克喇嘛的授印总管喇嘛印务处。章嘉呼图克图统辖的喇嘛印务处是完全对清政府理藩院负责的一个宗教行政权力机构，它不仅处理着汇宗寺和善因寺两庙及其十个官仓、十三个佛仓、一百三十多当子房和所属的沙毕户的行政事务，同时还负责漠南蒙古各旗主要寺庙转世活佛的确认、寺主的选拔任命等。

在教权方面，虽然多伦两庙各佛仓都有一名活佛负责日常管理，然而，教界各项事务统一由设在印务处的达喇嘛、副达喇嘛、德木齐、格斯贵、尼尔巴等僧官分担。就漠南蒙古地区喇嘛教寺庙来看，除锡呼图库伦旗外，其他地区寺庙始终归各旗扎萨克管理。章嘉活佛虽然是漠南蒙古喇嘛教首领，康熙还授予章嘉呼图克图"黄教之事，由藏东向，均归尔一人掌管"的权力，但并没有授予他政治权力，名义上他只能掌管多伦、北京、五台山等地喇嘛印务处，不能指挥其他蒙古各旗的寺庙，故而没有形成政教合一的宗教与政治体系。但是，每遇重大事情，各旗喇嘛以及王公扎萨克往往要请教章嘉呼图克图，极其虔诚地遵循这位宗教领袖的意见，而这位宗教领袖一直也通过自身的威望，参与蒙古地区各蒙旗事务。另外，清政府要求蒙古各旗扎萨克和喇嘛教的呼图克图、葛根、扎萨克大喇嘛、副扎萨克达喇嘛等高级僧侣分若干个班次轮流进京执行洞礼年班制度。这些人进京之前，依照理藩院的要求，必须先到多伦集中，接受进京礼仪、进京后履行职责等方面的培训，再由章嘉活佛来把握王公喇嘛进京的门槛。而在此时，进京的这些王公、喇嘛必到章嘉活佛前修谒，并献上礼金和贵重的礼品。

总之，清政府在多伦建立的蒙古藏传佛教的大本营，其目的是便于对蒙古地区宗教事务进行管理，

进而对蒙古地区进行统治。所以，在多伦建立起来的宗教中心，其政治意义要超过宗教意义。

乾隆两进多伦城

乾隆十年(1745年)八月初，乾隆从承德的避暑山庄到木兰围场，召集内、外蒙古各旗王公行围打猎。八月十三日来到多伦，居住在善因寺。

乾隆到多伦之后，第一件事就是在二世章嘉活佛和二世哲布尊丹巴活佛的陪同下，到汇宗寺拈香礼佛。乾隆在距离寺庙山门很远的地方下轿，十分恭敬地仰望了一阵山门门楣上康熙提写的"汇宗寺"御匾，然后到三世佛前进香祈祷，随行的二世章嘉活佛和二世哲布尊丹巴活佛也一同跪拜诵经。出三世佛殿后，乾隆特意走到会盟碑旁驻足，对身边的二世章嘉活佛、二世哲布尊丹巴活佛以及随行的大臣说："昔我皇祖之定喀尔喀，建汇宗寺于多伦诺尔，以一众志。"在拜祭了各个殿宇的佛像后，乾隆皇帝赐重金于汇宗寺，并赐精制唐卡若干幅。

回到善因寺行宫，乾隆会盟内、外蒙古王公，宴请二世哲布尊丹巴活佛。这是继1691年康熙在多伦会盟之后，清朝皇帝在多伦再次隆重会盟蒙古王公，其用意依然是维护北疆的稳定。

关于清朝巩固北疆的策略，康

乾隆皇帝御赐汇宗寺的唐卡（莲花生祖师像）

熙举行多伦诺尔会盟,使漠北喀尔喀蒙古各部归附清朝;而后,康熙三次亲征噶尔丹,取得了很大的成就,但是问题并没有彻底解决。雍正继位后,多次用兵西北,但没有大的战绩。准格尔蒙古的难题,留给了乾隆皇帝。正是这一年,噶尔丹策零去世,准格尔贵族争权夺位,内讧迭起,这

乾隆题"智源觉路"

就为乾隆解决准格尔问题提供了机会。乾隆在多伦会盟漠南、漠北蒙古王公和宗教领袖,无疑对稳定漠南、漠北蒙古,专心解决准格尔蒙古问题具有极其重要的意义。

因此,乾隆通过这次会盟宴会,进一步加深了蒙古各部王公与中央政府的亲密关系,凝聚了人心。查阅历史资料,这次会盟也是清朝皇帝最后一次与蒙古王公举行的大规模会盟。

乾隆十一年(1746年),乾隆在京城特派遣钦差大臣抵达多伦,将自己亲笔提写的"性海真如"匾赐给汇宗寺,将"智源觉路"匾赐给善因寺,以示对多伦喇嘛寺庙的高度重视。

乾隆十八年(1753年)八月,乾隆在木兰围场举行了狩猎活动之后,再次来到多伦。此时的多伦已经是寺庙华丽、商贾云集、车水马龙、欣欣向荣的塞外都市。

六世班禅在多伦

乾隆中期时,新疆地区已经平定了,清政府开始考虑如何巩固统治。其中进一步安抚蒙藏地区,笼络宗教上层,是重要的一环。

乾隆二十七年(1762年)以后,由于八世达赖喇嘛年幼,西藏事务由六世班禅主持。乾隆三十一年(1766年),乾隆册封六世班禅。六世班禅非常希望能来内地朝觐乾隆皇帝,他从经常在乾隆身边的二世章嘉活佛那里得知庚子年(1780年)是乾隆的七十大寿之年,班禅希望能在这一年到内地为乾隆皇帝祝寿。六世班禅通过二世章嘉活佛向乾隆皇帝转达了这一愿望。乾隆听说班禅要来参加自己的七十大寿，非常高兴，欣然批准。

乾隆四十四年（1779年）六月十七日，六世班禅按照事先的约定，在清政府驻藏大臣刘保柱的陪护下，率领随行人员从扎什伦布寺出发，沿着100多年前五世达赖出藏觐见顺治帝的路线，启程东行。途经羊八井时接受了八世达赖喇嘛的祝福。而后，在驻藏大臣和官兵的护送下，越过唐古拉山和通天河，经过四个月的跋涉，班禅一行于十月十六日抵达了青海的塔尔寺。因为已经是冬天了，就在塔尔寺住了几个月。在此期间，乾隆正在南巡，他时时刻刻挂念着六世班禅，专门给他送去了御容。"御容"就是皇帝的画像，表示班禅东行的一路，乾隆是陪伴他一起走的。乾隆还不间断地派人给班禅送去衣物、生活用品和四时瓜果，甚至连班禅出藏途中使用帐篷的式样和规格，乾隆都要亲自审定。

离开塔尔寺之后，六世班禅一行经过六盘水、银川、阿拉善、鄂托克、毛代、呼和浩特、岱海，于六月二十日抵达多伦。

乾隆早已派皇六子永瑢、二世章嘉活佛等人在多伦准备迎接，并送来了圣旨和礼品。在多伦的十天里，六世班禅在二世章嘉活佛的陪同下，首先朝拜了汇宗寺和善因寺两座皇家大寺，紧接着在两寺的大殿里为僧众和信徒讲授佛教经典。当时，漠南、漠北蒙古各旗的寺庙僧人、王公贵族、普通百姓等10万多人，从四面八方汇聚到多伦，让整个城市和寺庙都沸腾起来。六世班禅连续讲经的七天里，每天都有从蒙古各旗来的高僧、官员和百姓来此朝拜。七天中，班禅不断地为信徒摸顶讲经，手腕都红肿起来。

六世班禅坐像

六月二十九日，六世班禅在二世章嘉活佛的陪同下，从多伦出发，经克什克腾旗、翁牛特旗、喀喇沁旗到承德避暑山庄。

乾隆四十五年（1780年）七月二十一日，六世班禅历时一年，远涉两万里，顺利到达承德。乾隆陪伴六世班禅祭拜了山庄的佛堂，然后到须弥福寿之寺，受到热情接待。八月十三日是乾隆的七十寿辰，六世班禅率领部众恭贺。六世班禅在承德的祝寿和佛事活动圆满结束后，于八月二十五日离开承德，九月初二住进北京西黄寺。十月二十九日，六世班禅突然觉得身体不适，乾隆派御医诊治，确认六世班禅染上了天花。十一月初二，六世班禅圆寂于西黄寺。

六世班禅东行，距顺治十年（1653年）五世达赖喇嘛到京觐见顺治皇帝有128年。这是西藏地方政府首领与中央政府的又一次直接接触，不仅加强了清政府对西藏地方政权的有效统治，同时也增进了西藏地方政权对中央政权的向心力，对促进民族团结、加强和巩固祖国统一，起到了积极推动作用。

龙票商人和多伦城

康熙二十九年（1690年），清朝与噶尔丹在乌兰布通作战，军需筹集迫在眉睫，一些商贩承担起为清军贩运粮草及生活日用品的职责，有些商人甚至主动捐资捐物慰劳清军。1691年夏，多伦诺尔会盟时，蒙古王公一致向康熙请求放宽中原内地与蒙古地区贸易往来的限制，允许内地的商人到蒙古地区进行贸易。王公们认为一年一次的蒙古王公派遣贡使商队来北京等地进行交易，远远不能满足蒙古民众对茶叶等生活用品的需要。鉴于漠北喀尔喀各部已经归附清廷，为了笼络蒙古各部，巩固对北疆的统治，清政府决定允许中原内地的商人出长城到塞外蒙古各地经商贸易，但是限定必须在一年内返回。不久清政府便派遣京城的鼎恒生、庆德正、聚长城、大利等八家商号到多伦设立铺面。

出于鼓励，清政府通过理藩院封给这八家商号以官职，赐予顶戴，发给龙票，还发给手铐和脚镣等刑具，如遇到扰乱商人经商者，可以铐送到所在旗王府予以惩处。从此"龙票"和"龙票商人"便应运而生。后来，一般的商人由张家口厅衙门呈报理藩院领取龙票。

"龙票"是由一尺三寸见方的白麻纸制成，周围印有龙纹，中间盖有御印，上面有满、蒙古、汉三种文字。龙票的作用相当大，有了龙票可以到蒙古地区任何地方做生意，而且出入蒙古各旗还受到其王公扎萨克的保护。紧接着，清政府为了规范和管理内地商人出长城做买卖的行为，统一由理藩院颁发"龙票"，无票者不准进入蒙古地区做买卖。

多伦受会盟和汇宗寺的影响，对内地生活用品的需求迅速增加。康熙四十年（1701年），多伦诺尔喇嘛印务处设立后，由喇嘛印务处呈报理藩院发龙票。雍正十年（1732年），设立多伦诺尔厅后，凡由直隶出长城者，在张家口的察哈尔都统署或多伦同知衙门领取龙票。当时，张家口和多伦诺尔官府对市场管理极严，沿途对货物进行稽查，视无票证的货物为走私，一经查处，货物即被没收，一半归官府，一半

清仿明"成化年制款"掸瓶

奖赏稽查人员。

尽管管理严格，但与其他地区相比，蒙古地区的生意还是十分好做的。由于草原处于相对封闭的状态，商品经济极其落后，以物易物广为流行。这种贸易方式，为商人以不等价交换牟取高额利润打开了方便之门。根据史料记载：以布匹交换牛，其利最大，每尺布值银约一两二钱，可换一头牛犊；牛犊仍留原地喂养，待三四年后，牛犊长大，再赶到内地，售价可达四五十两。可见，对蒙贸易的利润是相当大的。

而且，越往草原深处，交通越不方便，商品价格越高，相对的草原的牲畜价格越低。如多伦马市，每匹马的价格是十两至十五两甚至二十两银子，每头牛八至十五两银子，每峰骆驼三十五至四十两银子，而远在漠北的库伦要比多伦低四分之一左右，恰克图则低至一半。许多商人充分利用这一点，通过赊销、放高利贷等手段聚敛钱财，使其资本积累迅速膨胀，经营规模迅速扩大。

几年时间里，直隶、京城、山西等地商人蜂拥而至，在多伦形成了贸易聚集区。那些禀承皇命的八大商号在市场区建商铺、盖房子，有了固定的经营场所，做着长期经营的打算。而一般的商民则租用汇宗寺和善因寺闲置的僧房做存储货

清代兰花壶

物的仓库，临时搭棚设摊销售货物。二世章嘉活佛和二世哲布尊丹巴活佛同时住善因寺的几年里，几乎整个蒙古地区的信徒都到此朝拜，增加了人员流动，寺庙财富迅速聚集，交易数额也大幅增加。

康熙四十年（1701年），多伦形成了南北长四里、东西宽二里的货物交易区。康熙四十九年（1710年），原有的简单交易区发展成为与寺庙隔河相望、有十三条街道的汉族商人市镇，清政府将这一市镇定名为"兴化镇"。康熙五十二年（1713年），康熙巡视多伦时，惊叹这里"居民鳞比，屋庐望接，俨然一大都市"。乾隆六年（1741年），二世哲布尊丹巴活佛回到漠北库伦，为了安置相随的商人，在兴化镇的北部设立新的交易市场，并建街盖房，形成了五条新的街道。此后新旧街区连成一片，至乾隆二十二年（1757年），多伦已形成了东西宽

四里、南北长七里，分十八甲、十八条街道的蒙古商贸城。在这个商贸城里，零售商铺主要集中在东盛街，出售蒙古牧民生活所需的一切商品；综合性商铺很多，大多集中在兴盛街和福盛街上。这些商铺从外表上看，与其他零售商铺没有什么差别，但在它们的大院里有特别大的仓库，储存着各种各样的商品。商铺的掌柜坐在账房里，和蒙古主顾一边喝茶，一边洽谈生意。

大多来多伦进行贸易的蒙古人，对市场上的牲畜、毛皮和百货商品的行情不是很清楚。因此，他们选择信用好的商号，寄居在商号里，他们对所携带的牲畜和毛皮等畜产品作价如何一概不问，任由商号掌柜代为销售。在商号居住期间的食宿费用，从所携带的畜产品售价中扣除，如有不足，则留待下次交易补还。当然，蒙古人民生性豪爽率直，偶尔在交易中受商人欺骗，也不会过于计较。但一旦发现商人经常哄骗，则毅然与这家商号断绝往来。所以，一般情况下，商号都以取信于蒙古主顾为生意兴隆的经营之道。

可见，多伦在清代成为商业城市，与最早的龙票商人有直接的关系，她是一座由庙而商、由商而兴的城市。

旅蒙商人

旅蒙商人，是清代在蒙古地区从事贸易活动的商人、商号、商帮的总称。旅蒙商人以山西人最多，也有直隶、北京、天津、陕西、甘肃、宁夏、青海等地的汉族、回族商人。

清政府建立后，政治局势相对稳定，特别是多伦诺尔会盟以后，清政府放宽了对蒙贸易的限制，山西、北京、直隶等地的商人抓住这一历史机遇，纷纷拥入多伦，以此为大本营，在蒙古草原长途贩运，积极开展旅蒙贸易。他们的足迹东到海拉尔，北到库伦和恰克图，西到乌里雅苏台和科布多。经过多年的不懈努力，用牛车和骆驼队踏出了几条穿越草原戈壁的通商大道：

多伦—乌珠穆沁部—海拉尔；

多伦—苏尼特部—库伦—恰克图；

多伦—乌珠穆沁部—车臣汗部；

多伦—郑家屯—齐齐哈尔；

多伦—赤峰—通辽。

康熙中期以后，清政府规定除在多伦可以开设店铺以外，商人可以到蒙古各旗搭建帐篷，从事生活用品交易。多伦的商人针对蒙古地区的特点和本商号的经营性质，采取"供垫主"和"手垫房子"的方式游走在草原牧区和大漠戈壁。

"供垫主"指本商号不直接下牧区，而是将自己商号的货物供应给出草地的小商号。"供垫主"一般都是资金雄厚的大商号，他们拥有数量多、花色品种齐全的货物，以适应草原各地牧民的需要。多伦城的聚兴长商号，就是这种典型的"供垫主"商号。

"手垫房子"指本商号除在多伦城拥有零售和批发店铺外，还组织本商号的一部分人专门从事出草地买卖。这类商号一般都专跑一条固定的线路，其所办货物必须适合所到达地人们的需要，如德隆泉商号、四盛昌商号就专跑东乌珠穆沁旗和西乌珠穆沁旗，永兴源商号专跑东阿巴嘎旗，兴明魁商号专跑西阿巴嘎旗，德盛魁商号专跑东苏尼特旗。这些商号用勒勒车或骆驼队把货物运到蒙古各旗，在王府或寺庙附近水草好的地方扎起帐篷进行交易。

根据服务对象的不同，商号所准备的商品也有很大的差异。一种是"跑庙头的"，他们大多与喇嘛有联系，准备的货物有黄色和红色绸缎、经卷、铜佛像、檀香等宗教用品，有奶食、鼻烟、鼻烟壶、铜壶、铜盘等生活用品。另一种是跑各旗衙门的，多为大商号，准备的货物有蓝古铜和墨绿色绸缎、马鞍、马靴、妇女头饰、珍珠、玛瑙、珊瑚、玉佩、玉翠烟嘴及高档奢侈品。再一种是

多伦的旅蒙商人

跑一般牧民蒙古包的，经营者大多为小商号，准备的商品为日常生活用品，如茶叶、布匹、烟叶等。这些商号把销售路线、销售对象和货物分得很清楚，大抵上是各吃各路。

多伦的商号把这种派遣出去的流动贸易称为"出拨子"。每年春季三月间，各商号派遣几批人马，分班组织勒勒车队、骆驼队，以数十辆至上百辆车或几十峰骆驼组成

"草地贸易"商队。每队有一到两名掌柜为领班，带领几名到十几名伙计、车夫、保镖，还有看护犬等，根据目的地的远近，携带途中所需食品、饲料、炊具、帐篷、行李等，沿着驿道或商道，一边做零星买卖，一边向选定的目的地行进。到达经营区域的蒙旗王府、寺庙附近，支起帐篷，挂起用蒙古文书写的商号名称招牌，并将运来的商品摆放出

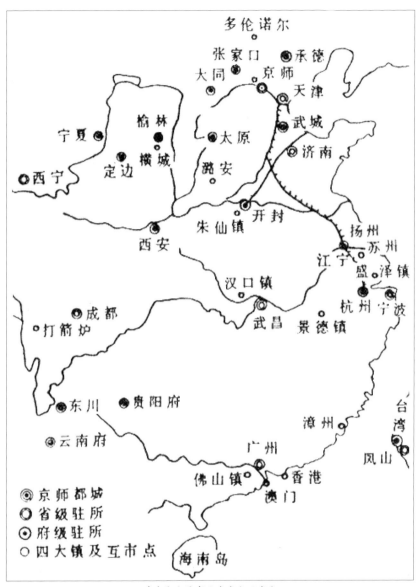

清中期主要商业城市和互市点

来，准备交易。交易之前，领班掌柜要带上鼻烟壶、砖茶、哈达、古玩玉器等礼品以及所卖商品的样品，去拜访所到旗的王公、寺庙主持等，与他们当面议定各种商品的价格，并优先供应王府、寺庙所需的各类商品，然后再招徕广大牧民选购。

一般情况，这种生意多采用赊销方式，王公、喇嘛、牧民等买货方将赊取的货物当面立下字据，待秋后用牲畜或毛皮等抵还。当时在蒙古地区做生意，大都以物易物，不用银钱结算。通常"出拨子"的商队在一个地方要停留十天左右，再移向其他地方。春夏之间，商队无论移动到何处做生意，其买卖都很兴隆，因为绝大多数蒙古人都喜欢一次性将一年所需的各种日常生活用品选购充足。到秋末冬初时，商队运来的货物已销售一空，商人们便骑马乘驼，带着帐篷，向购买货物的主顾结算收账。他们将赊欠货物折算成牛、马、羊等牲畜和毛皮等畜产品，分等论价抵还货债。商人们为了与蒙古主顾建立永久性的信用关系，对所欠债务一般不在当年一次性收清，往往要留下一部分，折合成一定数量的牛、马、羊等牲畜，立下字据，待明年再来收取。同时，也有些蒙古王公和牧民，为保障其日常生活所需供应，在秋季牧业丰收牲畜头数有盈余时，多向商人缴售一些，由收购牲畜的商人出具一张商号自制的"钱帖"，写明收购各种牲畜折合银价的数目，待下一年商队载货到达时，凭此"钱帖"选购商品。通过使用"钱帖"，一些商队与许多蒙古王公、喇嘛、游牧人民等建立起了永久性的主顾关系，甚至结为朋友，生意也日益兴隆。秋末冬初时节，流动于蒙古各旗的商队，雇佣蒙古族牧民将交易所得的牲畜赶回多伦，将换得的

毛、皮等畜产品和野兽裘皮等土特产品用勒勒车或骆驼运回多伦，各商号再根据市场行情销往内地。

在多伦，作为出草地主要运输工具的勒勒车和骆驼，其数量也是特别多的，勒勒车最多时有一万多辆，骆驼最多时也有一万多峰。小商号一般有十几辆车、几峰骆驼；大商号有几百辆甚至上千辆勒勒车、几百峰骆驼。特别是山西商人，一般不雇用别人的骆驼，喜欢自己养骆驼队。骆驼耐力强，每峰可驮400斤，每日可行80里。骆驼队到漠北库伦行程约2500里，需用30天时间；到恰克图买卖城行程约4000里，用时需45天。勒勒车队在多伦城也是一大景观，兴明盛商号每次出草地都要出动千辆勒勒车，往往是前面的车辆已经出城五六里，后面的车还在商号装载货物。

今天的人们很难想象当年旅蒙商人的艰辛，他们从内地的城镇向多伦运送货物，不仅路途遥远，而且多为崎岖山野小径，沿途很少有

多伦城银号

村庄。而从多伦将货物运往蒙古各地，更要穿过浩瀚无边的戈壁沙漠，有时数百里不见人烟。这些商人冒着严寒、酷暑，在旅途中风餐露宿，有时一连几天人畜没有饮用水，只能饮用草原上枯干的小碱淖的苦涩的碱水，甚至靠饮用牲畜尿水来穿过荒漠戈壁地带。草原上，春季干旱多风，有时狂风吹起黄沙遮天蔽日，一连几十日天昏地暗，不仅脸上扑满一层厚厚的沙土，就连耳、鼻也被沙土堵得满满的；冬季蒙古高原异常严寒，冰天雪地，气温经常在零下40℃左右，寒风刺骨，当狂风卷雪的"白毛风"刮起来的时候，天地白茫茫地浑然一体，难以分辨方向。在这种艰苦的环境下，他们长途跋涉，贩运商品，开辟出一条条"茶叶之路""物流之路"。康熙年间，有一位叫查慎行的文人，曾几次伴随康熙皇帝到多伦，他有感于旅蒙商人的辛苦艰难，曾赋诗：

黄云匝地遮沙漠，衰草连岗走骆驼。

车辙纷腾市井嚣，百年休养得今朝。

多伦的商人在长期的出草地中，十分注重对商号人员草原贸易经营业务的培养和训练。首先从掌柜到学徒都要"熟悉蒙语、熟悉蒙情、熟悉蒙人"。各家商号新招的学徒，要先学习蒙古语，懂得蒙古习俗、生活习性、交际礼节和婚丧嫁娶仪式等；要学会骑马、赶车，在草原、沙漠地区辨别方向。到草原去做生意的掌柜或伙计，必须穿蒙古袍、蒙古靴，讲蒙古语，便于和牧民接近，为做好生意创造条件。同时还要掌握测看评估牲畜膘情、重量等技术。当他们出草地收购牧民的牲畜时，"春看骨头，秋看肉"，往往不需要过秤称量牲畜的体重，单凭一看

出草地的多伦商人

多伦山西会馆的牌坊

二摸，就能正确估量出牲畜的膘情重量，误差不超过一二斤。另外，他们在千里草原上赶运牲畜时，边赶运边放牧，运回内地的牲畜不但途中不掉膘，而且还能增加膘情和重量。

说到多伦的旅蒙商人，不可忽略的还有回民商队。随着多伦商业的日渐繁荣，内地的一些回民也涌入多伦，并逐渐多起来。北京牛街、大厂，呼市南区，以至直隶、山东、甘肃、宁夏各地的回民纷至沓来。当地人把他们分为京东、京西两大族系。他们大多从事牛羊屠宰加工业，餐饮食品业（打烧饼麻花，炸油条果子等），白铁制造业，皮毛、牲畜交易中介，接送牛羊马匹的赶运业，拉骆驼跑运输行业，等等。到清末，多伦城里的回民商队就有三千多人，其中有一家"顺和隆"

杂货店远近驰名。因店铺门前挂了个大烟袋幌子，人们便把这家店铺叫作"大烟袋"。老掌柜人称"杨三把"，家族人都参与经营。他们待人和气，买卖公平，财路顺通，家里还有百十峰骆驼，组成两个驼队往来于蒙古草地，生意十分兴旺。

多伦的商业在清朝咸丰、同治年间达到鼎盛，仅多伦诺尔厅注册的商号就有4000多家。商人们的足迹几乎遍及蒙古草原，他们让广大游牧人民在日常生活中能够及时得到内地出产的粮食、丝缎、布帛、茶叶、杂货等，享受到"饮中原美酒，用曲沃生烟，品江南名茶"的生活，在满足游牧人民生产生活的需求的同时，也加强了文化交流和相互了解。他们的发迹，也促进了草原城市多伦逐渐走向繁荣。

外国人眼中的多伦

从13世纪开始，一些西方的旅行家就飘洋过海来到了多伦这片土地上，他们用异域人的眼光，打量着这块陌生的土地以及生活在这里的人们，写下了大量有关多伦的著述，留下了对于多伦的自然、社会、政治、经济、文化等方面的观感。

根据目前掌握的历史资料，意大利的马可·波罗是最早踏上多伦这片土地上的外国旅行家。1275年5月，马可·波罗到达元上都，得到了忽必烈皇帝的信任，在元朝任职17年。在他那本享誉世界的《马可·波罗游记》中，马可·波罗对元上都皇宫和忽必烈狩猎，进行了生动的描述。

马可·波罗记述，上都是忽必烈皇帝所建造的都城，他还用大理石和各种美丽的石头建造了一座宫殿。宫殿设计精巧，装饰豪华，整个建筑令人叹为观止。这座宫殿的所有殿堂和房间里都镀了金，装饰得富丽堂皇。宫殿四面都有围墙环绕，包围了一块整整有十六英里的广场。

这个广场是忽必烈皇帝的御花园，里面有肥沃美丽的草场，有许

元上都大安阁模型

多小溪流经其间。这里有鹿和山羊，它们是鹰和其他用来狩猎的猛禽的食物，除鹰外，其他各种鸟类有200余种。

1688年，法国一位传教士热比雍，汉名为张诚，受法国国王路易十四的派遣，来到中国传教。张诚曾跟随清朝大臣索额图参加过中俄边境谈判，参与了《中俄尼布楚条约》的谈判和签订，深得康熙的信赖，并被留在宫中为康熙讲授西方天文、哲学、数学等知识。1691年，张诚以二品官员的身份，随同康熙参加了著名的多伦诺尔会盟，并详细记录了会盟的全过程。

张诚记述，1691年5月9日黎明，康熙在皇宫的太和殿举行了隆重的仪式，然后率领八旗官兵和王公大臣，浩浩荡荡离开北京城，历经18天，于5月27日到达多伦。张诚根据康熙的旨意，用半圆仪确定了会盟营地的位置，搭建了一个巨大的黄色帐篷。

5月29日正式会盟。康熙首先召见了喀尔喀蒙古最重要的首领哲布尊丹巴活佛和土谢图汗，向土谢图汗颁发任职的印章和证书。会见后，康熙接受所有喀尔喀蒙古首领的三跪九叩，至此喀尔喀蒙古正式纳入了清帝国的版图。礼仪过后是宴会，整个宴会有200多桌，由于人数太多，坐垫不够用，以至于不少喀尔喀贵族只能坐在地上。

5月30日，康熙又召集喀尔喀各部首领们举行宴会，观看杂技，分别册封他们为亲王、郡王、贝勒等爵位，并赏赐礼服、财物。宴会持续了三个半小时，康熙与他们亲切交谈，其中用蒙古语与身边的哲布尊丹巴活佛交谈最多。

5月31日，康熙身披盔甲举行盛大的阅兵仪式和军事演习。演习中，清军"依次列阵鸣角，鸟枪齐发，大呼前进，声动山谷"。康熙还表演了射箭，他挑了一张硬弓，这张弓喀尔喀首领们无人能拉开，而康熙用这张弓射出了十至十二支箭，中靶三四次。张诚记述，只有最强弓才能射中这个箭靶。

康熙还到喀尔喀人营地视察，并赏赐财物、牛羊。他故意不让一直随从的张诚前往，张诚认为这是康熙怕他看见喀尔喀人逃亡中的穷困潦倒的样子。

6月3日，康熙起驾回京，内蒙古四十九旗的首领们跪在路左，喀尔喀蒙古的首领们跪在路右恭送。

在张诚的记述中，康熙是一位和蔼亲切、求知若渴、武功超群的人，他拥有宏大的战略眼光，运用智慧灵活、恩威并施的政治手腕，将喀尔喀蒙古纳入清朝版图。

1844 年 9 月，法国传教士古伯察，对多伦等地进行了考察，几年后他写成了《鞑靼西藏旅行记》。这里的"鞑靼"是欧洲人对蒙古的称谓。古伯察在书中详细记述了在多伦地区的旅行过程。

古伯察对多伦的第一印象是城市周围有很多的墓葬群，他们在墓葬群中走了很长的时间，才到了多伦城。通过古伯察的记述，说明当时多伦的人口比较多，并且在这里居住了很长时间。在墓地中，古伯察发现了许多小菜园，由于人们的精耕细作，成功地种植了蔬菜，有韭菜、菠菜、莴苣（甜菜疙瘩）和结球甘蓝（大圆白菜）。其中结球甘蓝是数年前

古伯察像

从俄罗斯引进的，它们非常神奇地适应了中国北方的气候。

进入多伦城之后，古伯察一行到一个饭馆吃饭，他说多伦人的习

古伯察绘制的多伦铜佛像制作工厂

古伯察绘制的多伦外景

惯是在吃饭前必须喝茶，而且要喝滚烫的茶。他还记述了饭前的礼节：在开始吃饭之前，所有人都站起来，并依次邀请坐在同一饭厅中的其他人。大家都以手势互相邀请说："来啊！大家一起来和我们喝一盅酒吧！一起吃吧！"于是，大家都回答说："谢谢！谢谢！你们最好还是坐到我们这桌来喝吧，让我们请你们吧。"礼仪上的寒暄之后，大家就算互相施礼了，于是，就可以像绅士一般开始吃饭了。

古伯察认为多伦是一个建造得很不规矩的城市，但是这座城市的居民却很多，生意很兴隆。俄罗斯的商品经过恰克图南下到达这里；蒙古人不停地把大批的牛、骆驼和马群赶到这里，返回时再运走烟叶、布匹和砖茶。外来人口的这种络绎不绝的往返，使多伦呈现出一种生机勃勃、气氛活跃的景象。古伯察说，山西省的商人是多伦城人数最多的，但他们很少在这里最终定居。数年之后，当他们的钱柜装得已足够满的时候，他们就会从多伦返回山西故里。

古伯察参观了多伦制作铜佛像和大钟的工场，还参观了汇宗寺和善因寺，觉得喇嘛们都不太有学问。汉族人把多伦城称呼为"喇嘛庙"，所以喇嘛庙在多伦也是有着非常显赫的地位的。

1893年5月3日至23日，俄国人波兹德涅耶夫在多伦考察。回国后，他将在多伦及蒙古其他地区的考察情况写成《蒙古及蒙古人》，并公开出版。波兹德涅耶夫详细记述了多伦城的位置、官府、军事管理机构、几条主要的商业街道、各项关税、城市的土地状况、茶叶和

清朝多伦诺尔汉族妇女群像

粮食贸易、牲畜交易、寺庙等方面的情况。

在考察中，波兹德涅耶夫描述，多伦城位于一片宽广、多沼泽的沙土平原上，没有什么树木，城市实际上是由额尔腾河左侧的买卖城和河右岸不远的两座庙宇组成的。买卖城是个相当大的市场区，南北长度是东西宽度的三倍，城市并没有城墙，街道很脏很乱，甚至所有通行的车辆都陷在道路上的污泥里。

多伦的所有官府都集中在城市的北端，最高行政长官为"直隶多伦诺尔抚民同知"，比"知县"的官职要高，除了要管区内汉族人，还要管理锡林郭勒盟各旗。在同知衙门的东侧，是统一管理当地驻防军的官府，叫"总爷府"。驻防军由五百名汉族绿营兵组成，因没有兵营，他们各自住在家里，分散在城内各处。他们和妻子儿女住在一起，平常和普通百姓没有什么区别。他们的职责是维护城市的秩序。同

波兹德涅耶夫像

清朝察哈尔蒙古族妇女像

清朝多伦诺尔满族妇女像

知府衙门的西侧，是监狱和巡检官署，监狱在同知衙门和巡检衙门的中间。多伦的监牢也和别处一样，有两层木栅栏围着，是一座大房子，房子的地窖里关押着罪犯。除了管理监狱，巡检衙门还负责清理多伦的流民和乞丐。以上这三个官府是多伦早就存在的，而在1884年或1885年，多伦又增加了一个统一管理八旗军的机构，"协台衙门"，是按照张家口类似的机构建立的。

同知、巡检和总爷府都在一条

东西向的街道上，叫作头城街。在这些衙门的前面是一片大空场，多伦的马匹和骆驼交易都在这里进行。这片空场的南面有三条大街，即马市街、牛市街和东盛街。马市街的街口是向贩卖牲口的人收税的税务署。当时，每匹骆驼收税四百文，每匹马收税二百文，每头牛收税一百文，每只羊收税十文。钟楼后街的街尾是多伦的几家铜匠铺，这也是最主要的制作佛像的铺子。多伦的佛像在欧洲享有盛名。从头城街开始的第三条街道穿过全城，叫东盛街。这条街是多伦的旧货市场，集中了至少三百家铺子。马市街和钟楼后街都是到长盛街为止。

从长盛街开始往城南方向又有三条街道，其中第一条街叫二道街，这条街几乎没有店铺，全都是多伦的居民，主要是绿营兵的住房。第二条街叫兴隆街，多伦人认为这是城里最好的一条街。据说康熙到多伦来正式接受喀尔喀诸王公归顺时，曾到过这里的一座和尚庙，他在庙里礼拜之后，就在城里信步而行。后来，他觉得饿了，就走进一家客店，吃了一点烙饼。这家客店叫兴隆馆，因为这个故事，当时居民们曾作出三条规定：第一，永远保留这家客店的店名和招牌；第二，规定它永远作为一个卖粮食和食品的店铺；第三，把这家客店所在的街道命名为兴隆街。兴隆街是多伦最富有的店铺和货栈所在地。这些店铺和货栈几乎不卖零售的货物，而主要是做批发。此外，在兴隆街上还集中了许多银号和钱庄，这是公认的最富的行业之一。由长盛街开始的第三条街叫福盛街。这条街上有六十三家商店，集中了多伦制作毛毡、马衣、皮革等等的作坊。福盛街的南端集中了税务机关的几个主要分署，如征收茶叶税、布匹税和粮食税的各分署。

多伦的粮店共有十余家，最富的一家是大盛店，还有维盛店、广泰店、宋益店及其他粮店。多伦的粮食来自四面八方。当地不产烧酒，这里酿制的黄酒，质量也不大好，每斤最多卖八十文到一百文。因此多伦人往往都喝张家口运来的白酒，每斤一百五十文到一百八十文。这种酒的总输入量为五六十万斤。经营布匹的大货栈大约有十二家，小栈则难以计数。大部分布匹和杂货都来自内地，做这行生意的商人主要是山西人。从天津和广东港口来的汉人，还往多伦运来一些欧洲商品，如斜纹布、府绸、印花布和德国呢。

关于寺庙，波兹德涅耶夫介绍说，在多伦的公共建筑物中约有二十五座和尚庙，其中最好的就是三官庙和位于宁远街的白玉观。三官庙是城里最美的建筑物，同治八年（1869年）时作过一番装修，并在庙旁建起一座塔，成为多伦最高的一座建筑物。白玉观是由多伦的商人们共同出资建造的，建成的时间不算很久，因此里面的神像和器具都还很洁净、艳丽。城里除和尚庙和孔庙之外，还有几座清真寺，这些清真寺都没建造伊斯兰教特有的尖塔，只有在一个叫礼拜寺的清

波兹德涅耶夫拍摄的三官庙

真寺（这里指清真南寺）里，有一座像三官庙那样的塔。汇宗寺和善因寺都由章嘉活佛直接管理，但两庙的喇嘛却分居两处，在事务上互不相干，在经济收入上也是互无瓜葛。因为章嘉活佛常住北京，已将近有五十年没有来过多伦了，实际主管两座寺庙的是四个喇嘛，每庙两人，由理藩院委任。汇宗寺有四百多名喇嘛，善因寺约有五百名喇嘛，两座庙的人数相差不多。各庙中心都有一座两层的敕建庙，其中善因寺的建筑式样酷似喀尔喀的庆宁寺。波兹德涅耶夫赞叹多伦的喇嘛庙："它们的装饰之精巧、雅致和富丽也是庆宁寺所无法相比的。

尤为精美的是这里的梁枋上的装饰，门窗上方完美的飞檐，独具匠心富丽的雕刻，奇妙的浮雕，琢磨得十分精细的金漆立柱——这一切都以其美丽而使人赞叹不已，并一定会使每一位观赏者不由得感到惊异。"

19世纪末，日本人就开始关注包括多伦在内的中国东北和蒙古地区。当然，他们主要是为侵华战争做准备的。

1907年夏，日本人剑虹生到多伦，投宿在汇宗寺的阿嘉活佛仓。他用一个月的时间考察了多伦的历史沿革、地域特征、宗教、政治、学务、商业发展概况等，于1918年写就了《多伦诺尔记》。

剑虹生对多伦的总体描述是："新旧两庙，巍然对峙，真边境之伟观。是以喇嘛庙之名，播于远近。商贾踵集，土地益盛，成巨然一大都市。"他谈到的"新旧两庙"，是指旧庙汇宗寺、新庙善因寺，因为汇宗寺早于善因寺兴建，所以才有新旧之分。

关于多伦城，剑虹生记述，多伦城主要为市场区，城东北临近汇宗寺和善因寺。城区有一千五百六十七户，二万多人，其中有三千回族人。蒙古人不住在多伦城。城内道路不规则，凹凸不平，路面泥泞。

剑虹生详细记述了清政府实行新政以后多伦的行政机构。重要的官衙有抚民同知、协镇都督府，设有多伦分司、巡警总局、牛痘局、斗局、皮局、马局、杂货局、木植局、筹款局、筹饷局、盐厘局。寺庙除汇宗寺和善因寺外，还有城隍庙、灵佑宫、兴隆寺、伏魔宫、三官庙、山神庙、回教清真寺等。在教育方面，有高等小学一所，幼儿学堂两所，均为抚民府所属。高等小学堂，开设的课程有修身、经学、格致、算术、地理、历史、习字、作文、图画、体操等十科。

关于多伦商业繁荣的原因，剑虹生认为：由于蒙古人信仰喇嘛教，多伦又是蒙古地区的喇嘛教中心，因此，他们不远几百里甚至几千里来汇宗寺和善因寺朝拜。在他们朝拜的同时，往往要赶着他们的马、牛、羊、骆驼等牲畜到多伦市场交易，换回他们所需要的一切日用品。这期间独占利益的则是多伦的商人。另外，蒙古各旗王公贵族，也都来多伦拜谒章嘉及其他高级活佛，他们给寺庙捐献很多牲畜和金银，供养喇嘛，以此寺庙富足起来。僧人对生活用品的需求量也很大，在一定程度上也促进了多伦城商业的繁荣。

日本的鸟居龙藏，是20世纪初著名的学者和考古学家，1908年他来多伦及蒙古东部地区考察。在他的《蒙古旅行》一书中叙述了多伦的繁荣。

鸟居龙藏记述，在多伦城，店铺一家挨着一家，店铺前用大石铺设的道路由于过去长期的踩踏已经凹凸不平，行车也困难，店铺门前的街道也只能容人缓慢行走。多伦城的店铺主要贩卖喇嘛僧和蒙古人所喜爱的佛像以及其他日用品。卖给蒙古人的物品有他们常用来喝奶茶的铜制茶碗以及衣橱、桶、靴和蒙古人常用的其他用品。除此之外，蒙古妇女发饰、耳饰等的制造也较发达。在多伦，毛皮店非常多，贩卖的各种毛皮，价格比蒙古其他地区要便宜。

根据以上外国旅行家对多伦的直观印象,我们不难看出,多伦在元代和清代是十分繁荣的。尽管元代的上都城在繁荣了一百年后由于改朝换代而遭彻底毁坏,但是,到了清代,多伦诺尔会盟以及汇宗寺和善因寺的创建,使多伦成为漠南蒙古地区的喇嘛教中心,进而繁荣了旅蒙贸易,发展了民族手工业,使得这座古城一直延续至今天。

牛年兵乱

1911年10月10日,武昌起义爆发,辛亥革命席卷中国大地,许多蒙古王公对辛亥革命抱着恐惧和仇视的心理公开反对民主共和。12月28日,外蒙古的王公和喇嘛在沙俄的策动下,脱离中国政府管辖,在库伦(今乌兰巴托)宣告独立,以第八世哲布尊丹巴活佛为"皇帝",成立"大蒙古帝国"。

1913年初,在沙俄军官的直接参与下,外蒙古军队分三路大举南下,向内蒙古武装进攻。战火从乌兰察布盟西部到锡林郭勒盟东北部迅速燃起,并蔓延到西自包头、呼和浩特以北,东至张家口、多伦、林西一线。5月,以达木丁苏隆为统帅、那木色赖巴图尔和玛克萨尔扎布为将领的外蒙古军队,进犯锡盟和察哈尔地区南部,占领镶白旗和正蓝旗等地,大肆掠夺寺庙集镇,

残杀居民,焚毁村落。这一年是农历癸丑年,即牛年,史称"癸丑兵乱",又称"牛年兵乱"。

当时的北京政府军迎战,但连连失利,林西、经棚、多伦形势非常危急。为了制止叛军的进攻,北京政府先后从各地调集大批援军。8月初,叛军准备向多伦城进攻。袁世凯命王怀庆为多伦镇守使,固守多伦。

王怀庆到达多伦后,于8月25日侦察到叛军1000余人在正蓝旗等处集结,命令部队于27日出发,分路进攻正蓝旗。王怀庆又命令部下高青云(高二虎)统兵3000人,在元上都遗址附近与叛军展开激战。政府军一举收复正蓝旗和镶白旗,叛军受到重创。但是,高青云在元上都遗址附近的战斗中节外生枝,把与叛军有接触的汇宗寺的第四世甘珠尔瓦活佛枪杀在附近的寺庙之中。由此再度激怒叛军复起战事,汇宗寺的诺颜巧尔吉活佛也迎合叛军,举行暴动。叛军愈聚愈多。9月12日,叛军玛克萨尔扎布率领8000人(号称15000人),分四路昼夜不停地向多伦城进攻。当时,王怀庆在多伦城的守军只有3000人,叛军孤注一掷、异常凶猛。

双方在城西北的大西山、靡地滩一带展开激战。战斗中,国民军

1913年，王怀庆在多伦山西会馆为阵亡的将士举行追悼会

得到县城各界群众的全力支援，"父老聚于途，商贾停于市，子弟壶浆，妇孺执爨"，虽兵力悬殊，但士气不衰。在炮火掩护下，王怀庆派1000人绕敌之后，并亲率骑兵直冲叛军指挥中心。关键时刻，王怀庆点燃火炮，致敌中坚受损。历经两昼夜鏖战，致使外蒙军停战退兵。

战后，当时的多伦公署为纪念这一战事，在大西山顶立了一块纪念碑，并将大西山命名为"得胜山"。多伦商民为感戴王怀庆率兵艰守城池，使商号免遭焚掠，在城南的南堡门外集资为王怀庆建了一座碑亭，树起一块功德碑，并用黄铜铸造了一枚大炮弹模型，还把在战斗中阵亡的数百名官兵厚葬在寄骨寺。然而，枪杀第四世甘珠尔瓦活佛一事，在全国引起了广泛关注。袁世凯迫于舆论的压力，遂将高青云惩办，并将王怀庆降调闲职。战事结束不久，参与外蒙军队叛乱的汇宗寺活佛诺颜巧尔吉也被张家口都统田中玉诱杀。

癸丑兵乱以及其后的外蒙古独立，使得多伦通往外蒙古的商路被阻，贸易量急剧下降，蒙古地区社会重新陷入动荡，商税十分沉重，经商缺乏保障，良好的贸易环境被破坏，旅蒙贸易迅速衰落，多伦的商业最终失去了往日的辉煌。

王怀庆处决叛军

《建国方略》中的多伦

《建国方略》是辛亥革命以后孙中山为总结资产阶级民主革命成功与失败的经验教训，启发与唤醒全社会的民众，开创未来社会建设新局面而撰写的重要著作。《建国方略》包括三个方面的内容，即孙文学说、实业计划和社会建设。在实业计划中，孙中山把多伦置于建设未来资产阶级民主国家极其重要的地位上。他认为未来的多伦是西北铁路系统的中心，由此将成为移民政策的中心、满蒙政策的中心、国防计划的中心。

在实业第一计划中，他提出要建设北方大港，同时建设西北铁路系统，与这个拟建的北方大港连成一片。再开浚运河，联络北方通渠及大港。开发河北、山西等省煤铁矿，设立冶炼工厂，移民蒙古地区和新疆地区。

他计划把多伦作为开发东北、内、外蒙古和新疆的起点。从多伦向北方大港、张家口、五原、迪化、恰克图、克鲁伦、漠河、辽宁、吉林、黑龙江分别修筑铁路干线，使多伦成为塞北铁道网的中心。以北方大港为出发点，以多伦为门户，修筑双轨铁路，吸收广漠平原的物产，再由多伦转运至中国西北地区。

关于以多伦为中心连接北方大港的西北铁路系统，包括八条主要铁路干线。第一条线，由多伦向北偏东北走向，与兴安岭山脉平行，经海拉尔，赴漠河。考虑到漠河为产金区域，又是黑龙江右岸地区，长度在800英里左右。第二条线，由多伦向北偏西北走向，经克鲁伦河，达中俄边境，与赤塔附近的俄罗斯西伯利亚铁路相接，长约600英里。第三条线，由以上一条干线向西北，转正西，又转西南，沿沙漠北境，到国境西端的乌鲁木齐，长约1600英里。第四条线，由乌鲁木齐往西，到达伊犁，约400英里。第五条线，由乌鲁木齐东南，越过天山，入戈壁边境，转向西南，经天山以南沼泽地与戈壁沙漠北之间一带腴沃之地，到达喀什噶尔，由此再转而东南走向，经帕米尔高原以东、昆仑山以北，连接沙漠南边

《建国方略》

一带沃土，到达于阗，全长约1200英里。第六条线，是在多伦和乌鲁木齐之间的干线开一条支线，由一个接合点出发，经库伦，至恰克图，大约350英里。第七条线，由以上干线的另一接合点出发，经乌里雅苏台，向北偏西北走向，至边境，约600英里。第八条线，由以上干线的再一个接合点出发，西北走向至边境，约400英里。以上八条线路的总体长度为5950英里。

以多伦为中心的西北铁路系统，一方面可以连接所计划建设的北方大港，可以连接沿海沿江至多个省份，可连接中国内地与富饶而未开发之地。另一方面移民内、外蒙古和新疆，为西北铁路计划之补助，彼此互相依托，互相促进。

当时中国应裁之兵，达数百万

孙中山

之众。这些需要裁撤的人员，需要土地给养。他提出，可以利用国外资金，进行裁军垦殖。对于被裁百余万之兵，以北方大港与多伦之间的辽阔地区，足以安置。这些地区资源丰富，而人口又少。倘有铁路由北方大港出发至多伦，则可供这些被裁撤之兵利用，可以成为筑港、建路及开发长城以外沿线地区的先驱者，而多伦将会成为发展北方移民政策的基础。

共产主义星火

1923年，中国共产党第三次代表大会召开，决定同孙中山领导的中国国民党合作，建立革命统一战线。1924年初，中国国民党第一次全国代表大会在广州召开，共产党员李大钊、谭平山、林伯渠、毛泽东等出席了大会。李大钊为大会主席团成员，被选为国民党中央执行委员会委员。国民党第一次全国代表大会，标志着国共两党第一次合作的实现，革命统一战线正式建立。

1924年10月23日，冯玉祥在第二次直奉战争中发动北京政变，将溥仪驱逐出宫，推翻了曹锟北洋军阀政府。将参加北京政变的部队组建成"中华

李大钊

民国国民军",冯玉祥任总司令兼第一军军长。不久,在皖系军阀段祺瑞和奉系军阀张作霖联合压迫下,被迫离开北京。冯玉祥赴张家口就任西北边防督办,所部的国民军占据张家口和察北六县,驻军多伦。

冯玉祥的国民军同情人民,倾向国民革命,中国共产党给予很高的评价。这时,李大钊同冯玉祥将军会面,派人到冯玉祥的国民军中工作。经李大钊等人介绍,冯玉祥结识了苏联驻华大使,并请苏联政府派人帮助训练军队,还任命共产党员刘志坚做他的政治部部长。

在这种形势下,1925年10月,李大钊在张家口组织召开了农工兵大同盟成立大会。会后李大钊认为应该建立共产党领导的军队,此举

得到苏联大使馆的支持,他开始了创建共产党自己的军队的尝试。李大钊以国民党党部名义,派遣共产党员陈镜湖、韩麟符、郑丕烈、杜真生等到多伦等地发展共产党组织,组织革命武装。陈镜湖和韩麟符都是中共"三大"的代表,有很强的工作能力。他们到多伦以后,同严文元、严文光、郑荔奄、郑建安等一批留日学生、爱国知识分子,积极倡导移风易俗,破旧立新,开展现代教育,宣传男女平等、妇女解放。

之后,这批共产党人组织建立了内蒙古特别国民军的三个纵队,规模相当于三个团,以多伦为大本营进行训练。第一纵队司令由内蒙古人民革命党军事委员乐景涛担

韩麟符

陈镜湖

任；第二纵队司令由中共党员陈镜湖担任；第三纵队司令由中共党员郑丕烈担任。当时多伦受外蒙古独立的影响，商业萧条，很多青年参加了这支军队。李大钊亲自到多伦检阅这支由共产党人组织和领导的革命武装，这给多伦乃至北方地区的人民带来了光明与希望。这支武装，注意严肃军纪，经常教育士兵"誓死救国，不扰民，真爱民"，同时严格约束军官和士兵，他们同甘共苦，吃一样的饭菜，照规定付饭费，因此，深受群众和士兵的欢迎和爱戴。

1925 年 12 月，冯玉祥向奉系军阀发动进攻时，特别国民军第一和第二纵队攻下经棚、乌丹、建平、赤峰、朝阳、开鲁一带，陈镜湖率第一纵队，协助宋哲元进攻承德，赶走了奉军热河督统阙朝玺，开创了察哈尔、热河等北方地区的大好局面。

作为在中国第一个举起社会主义大旗，传播马克思主义的先驱，中国共产党建立的重要发起人之一的李大钊，亲自在来多伦视察共产党革命队伍的建设，这在多伦革命斗争的历史上是非常重要的一件大事。

1927 年，蒋介石在上海发动"四·一二"反革命政变，张作霖在北京袭击苏联大使馆，大肆捕杀共产党员和革命青年，李大钊被捕。1927 年 4 月 28 日，李大钊在北京被张作霖杀害。

李大钊被捕牺牲后，中共北方各级党组织不断遭到破坏，郑丕烈、杜真生先后叛变，韩麟符在山西牺牲。陈镜湖与党组织失去联系，他和原内蒙特委领导成员刘刚一起，经过长途跋涉，到达苏联，找到共产国际，接上了党的组织关系。不久，陈镜湖回国，根据中共中央的指示，恢复、整顿内蒙特委。同年 9 月，新的特委组建成立，他担任书记，改名为李铁然，继续组织和发动蒙古、汉等各族人民开展革命斗争。1933 年，陈镜湖受党的指派在张家口参加冯玉祥领导的察哈尔抗日同盟军的组建工作。1933 年 5 月 12 日，他到坝上点验抗日军队，途中被反动民团杀害。

同盟军收复多伦城

察哈尔省是中华民国时期由南京国民政府管辖的一个省,首府在张家口。察哈尔省东临热河,南界河北、山西,西邻绥远,北接外蒙古,战略地位十分重要,是北京的一道天然屏障。

1933 年 4 月,日本帝国主义侵占察哈尔东部重镇多伦。多伦形势十分危急,全国民众哗然。冯玉祥将军组织起了一支抗日武装,"察哈尔民众抗日同盟军",开赴抗日前线与日伪军展开殊死战斗,收复失地,史称"察哈尔抗战"。

1933 年 5 月 26 日,冯玉祥发表通电,宣告就任察哈尔民众抗日同盟军总司令,实行民众武力抗日,率领志同道合的战士及民众,结成抗日战线,武装保卫察哈尔省,进而收复失地,争取国家独立自由。

察哈尔民众抗日同盟军旗帜揭起后,各地军队、民众及大中学生,凡不满意国民党当局对日屈服政策者,纷纷来到张家口,不到一个月时间,聚集了 10 多万人的抗日力量。1933 年 6 月 15 日,察哈尔民众抗日同盟军第一次代表大会在张家口召开。到会代表有冯玉祥、方振武、吉鸿昌、佟麟阁等 61 人,中共党员宣侠父、张慕陶等人参加了大会。

6 月 20 日,冯玉祥任命吉鸿昌为北路前敌总指挥,邓文为左副指挥,李忠义为右副指挥,率领大军克日北进,收复察东。两天后,又特派方振武为北路前敌总司令。

吉鸿昌、邓文、李忠义奉命后,于 6 月 21 日把所属主力部队集中在张北县附近,准备作战。出发前,吉鸿昌将军集合官兵,慷慨激昂作动员说:"有贼无我,有我无贼。非贼杀我,即我杀贼。半壁河山业经改色,是好男

1933 年 3 月 30 日,《时报》报道日军轰炸多伦的消息

1933年5月，察哈尔抗日同盟军
总司令冯玉祥扛枪为士兵做示范

儿舍身扶危。"6月22日，部队由张北北上，直指康保。

盘踞在康保的伪军听到察哈尔民众抗日同盟军（以下简称"同盟军"）大举北征的消息后，十分恐慌。经过3个小时的战斗，敌军纷纷向

宝昌溃退。同盟军很快攻克了康保县城，虏获了许多马匹及军用品。

康保收复的第二天，吉鸿昌将所属部队主力分成三个梯队，另编两个掩护队，分头向宝昌推进。此时，日伪军主力主要盘踞在宝昌和沽源。沽源一带的伪军张海鹏、崔新武等得知同盟军将至，大举增援宝昌，并从热西日军茂木旅团得到大批械弹，用1000多匹骡子向沽源载运，企图作顽强抵抗。7月1日，同盟军在解家营、刘家营、柳条沟一带与伪军主力发生激战，傍晚，敌军的重要阵地都被同盟军占领。敌军3000多人弃城北退多伦，同盟军乘夜进驻宝昌县城。

盘踞在沽源的伪军头目叫刘桂堂。他在山东老家的老母亲得知他当了汉奸后，极为震怒，痛斥刘桂堂当汉奸为不忠不孝。土匪出身的刘桂堂虽然粗鲁，但是个孝子，对

1933年5月26日，察哈尔民众抗日同盟军第一次代表大会合影

察哈尔民众抗日同盟军开赴前线

老母亲素来恭顺，表示要追随冯玉祥将军。7月1日，刘桂堂通电就任同盟军第六路军总指挥，并到宝昌与吉鸿昌将军共商进军计划。驻在沽源的伪军张海鹏部，立即陷于孤立，被同盟军大刀队击退，沽源克复。

同盟军初战告捷，又连克三县，声威大振，一批日伪军也纷纷归降同盟军。吉鸿昌乘胜追击，指挥各部向察哈尔重镇多伦挺进，拉开了同盟军光复多伦的序幕。

同盟军成立后，日军为巩固多伦防务，立即将日军精锐部队荒木骑兵旅团及由长城以南撤至承德的重炮队调到多伦，并在城区外围构

筑了32座八卦炮台及内、外交通沟和电网等工事。此外，又令伪军汤玉麟、索华岑两部集中在丰宁黄旗营，日军第八师团全部开至丰宁，形成犄角形防务。

吉鸿昌率领的同盟军先头部队于7月4日逼近多伦外围。7月5日，张凌云部先锋军已经开进到多伦近郊的七里河子、前孤山子、后孤山子等地，遇到敌前哨部队百余人，将其全部击退。当天，吉鸿昌率领的大队人马到达榆树沟一带，忽然接到刘桂堂部的报告，得知日伪军5500人将由丰宁黄旗营出发，与多伦城内的日伪军夹击同盟军，并有30架飞机配合轰炸。

7月7日凌晨,同盟军各部开始进攻多伦。左路张凌云部,攻下黄土厂一带;右路刘桂堂部苏致广师,逼近破窑洼一带;中路李忠义部,进占黄土滩子一带。吉鸿昌、邓文两部,进驻前、后孤山子,向日伪军展开猛烈进攻。3架日军飞机,环绕侦察,狂轰滥炸,阻止同盟军接近城门。夜间11点,同盟军开始围攻多伦城,彻夜激战。

8日拂晓,同盟军已突破敌军两道外围防线,占领了日伪军两道战壕。天亮以后,日军几架飞机前来助战,掷弹轰炸同盟军阵地,向同盟军展开猛烈反攻。战斗异常惨烈,双方伤亡很大。由于吉鸿昌、邓文、李忠义三位指挥亲临火线、督战得力,同盟军毅然固守着已经

占领的阵地。下午6点,右路张凌云部的乜玉岭师占领了善因寺西端及西菜园等地,敌军纷纷向多伦城内逃窜。这一天,同盟军战绩卓著,毙伤敌伪军多人,俘虏290多人,缴获步枪130多支、战马157匹、轻机枪70余挺、重机枪3挺。

9日凌晨3点,各路同盟军继续进攻多伦城。城外军事要点全被同盟军占领,日伪军全部退到城内,凭借工事固守。同盟军各部运动到城边,准备展开总攻,遭到敌伪军密集炮火的攻击,攻城受挫,伤亡很大。吉鸿昌详细察看了敌情和地形,制定了周密的攻城方案。

10日,同盟军集中所有兵力,将多伦城重重包围。夜晚,吉鸿昌挑选了几十名精明强壮的士兵组成

多伦城外围的日伪军防御工事

察哈尔民众抗日同盟军高射机枪部队

敢死队，他亲自率领，一手拿刀一手拿枪，匍匐前进，奋勇前行，进行了数次冲击。日伪军机枪密集扫射，连续不断地投掷手榴弹，致使敢死队伤亡很大，吉鸿昌本人也险些被手榴弹炸伤。在敌人猛烈炮火的封锁下，同盟军伤亡240多人，被迫撤离火线。

11日拂晓，同盟军再次发起总攻。乜玉岭师与骑三师及曹汉相师，攻击正面的南沙梁子、西菜园。刘桂堂军的苏致广师攻击右翼东沙梁子。邓文部攻击西大仓和柳叶梁。李忠义部攻击东大仓和城北。战斗仍然激烈。至5点，骑三师被伪军攻退一部，曹汉相师也表现出踌躇犹豫。乜玉岭师长见状，袒臂高呼，身先士卒，数次猛攻，再次将西菜园阵地夺回。日军飞机不断轰炸，各部官兵仅以大刀血肉相搏，伤亡累累，特别是吉鸿昌直属各部和苏致广师损失惨重。不得已，同盟军暂时退守原阵地，伺机反攻。

11日，正当同盟军血战多伦最为激烈之时，冯玉祥将军向多伦前线部队将士发来电报："进则俱生，退则俱死。死固有轻于鸿毛，有重于泰山者。为国而死，其死也荣；忍辱偷生，虽生实死。"冯玉祥将军的来电极大地激励了同盟军的士气，前线将士纷纷表示要作最后的决战，以死报国，誓死拿下多伦城。

吉鸿昌随即派遣副官刘亨香、马国栋率精兵40多人，扮作伪军，乘敌军撤退之机，分批潜入城内，住在城内碉堡附近，侦察敌情，投送情报，以便里应外合。

7月12日凌晨，同盟军趁天色昏黑，再次发起全线猛攻。潜伏在城中的刘亨香、马国栋等人鸣枪响应，趁乱高呼："同盟军进城啦！吉鸿昌冲进来啦！"敌军惊慌失措，秩序大乱。到早晨5点，日伪军纷纷向经棚方面溃退。同盟军在10点左右，分别从南、西、北三个方向攻入城内，又经过3个小时巷战肉搏，日伪残敌从城东逃窜。失守72天的察哈尔重镇多伦，经5昼夜的鏖战，被吉鸿昌率领的同盟军光复。

在收复察东康保、宝昌、沽源、多伦四县战役中，同盟军共计伤亡官兵1600多人。同盟军光复多伦赢得了全国各界爱国人士的广泛赞誉，全国各大报纸都刊登了消息，许多爱国将领、抗日组织和社会知名人士纷纷向冯玉祥将军发来贺电，声援同盟军。当时有一位叫陈寄安的先生，曾在报纸上赋诗《战多伦》：

吉鸿昌在庆祝多伦收复大会上讲话

殷殷碧血遍荒郊，

旷世勋名万古流。

报道山河归故主，

满廷贼桧尽含羞。

吉鸿昌将军率军进入多伦城后，受到多伦老百姓的热烈欢迎和款待。同盟军在山西会馆举行了万人抗日大会，吉鸿昌登上会馆的大戏台上，慷慨陈词，宣传抗日救国主张。

同盟军收复多伦，是自九一八事变以来，中国军民收复的第一座重要的军事重镇，极大地鼓舞了全国人民抗日救国的士气。然而，蒋介石、汪精卫奉行不抵抗主义，对同盟军实行严密的经济封锁和军事围攻，挑拨同盟军内部将领的矛盾。8月11日，在日伪军和蒋介石、汪精卫的联合夹击下，多伦再度落入日伪军之手，致使同盟军濒于失败。

同盟军失败后，吉鸿昌将军潜入天津与共产党合作，继续从事反蒋活动。1934年1月，吉鸿昌由共产党人宣侠父介绍，在上海正式加入中国共产党。同年11月9日，吉鸿昌在天津法租界遇刺被捕，11月24日，被国民党以"加入共党罪"杀害于北平，年仅39岁。就义时，吉鸿昌大义凛然，在刑场的土地上用树枝奋笔疾书：

恨不抗日死，留作今日羞。

国破尚如此，我何惜此头？

苏蒙联军进城
人民政权建立

1945年，世界反法西斯战争接近尾声，中国人民的抗日战争也进入了全面战略总攻阶段。8月8日，苏联宣布对日作战，10日，蒙古人民共和国也宣布对日作战。苏蒙联军在西起乌兰察布东至呼伦贝尔草原的广阔地区向日本侵略军发起强大的攻势。

苏联红军第十七、三十六、三十九、五十三集团军、近卫坦克第六集团军和苏蒙骑兵机械化集群，突破满洲里—扎赉诺尔与海拉尔—阿尔山两道日军坚固的工事区，越过大兴安岭和内蒙古北部广阔草原。其中东路在8月10日至17日，先后攻克满洲里、海拉尔、突泉、索伦、王爷庙、牙克石、乌丹、林西、通辽、赤峰、博克图、扎兰屯等城镇及广大地区，19日占领承德；西路的苏蒙联军从锡林郭勒盟苏尼特右旗一带进入内蒙古，解放了乌兰察布盟北部、锡林郭勒盟、察哈尔盟各旗及多伦、沽源、康保、化德、商都、宝昌、张北、尚义、兴和、崇礼十县。八路军晋察冀、晋绥和绥蒙军区部队由南向北发动攻势，在张北、多伦、化德、百灵庙、商都一带与苏蒙联军会师。内蒙古中东部地区的蒙古、汉等各族人民，从日本帝国主义的殖民统治中获得了解放。

1945年8月9日，苏联红军派遣两架轰炸机轰炸了多伦城北的汇宗寺一带；8月10日，苏联红军又派遣飞机在多伦城上空盘旋，散发了用蒙古文铅印的红、黄、蓝各色传单，敦促在多伦的日本人立即放下武器、缴械投降。之后，城内的日伪人员纷纷躲避逃窜。8月13日，苏联红军先头部队的两辆坦克出现在多伦城北，向正在仓皇逃窜的日本文职人员的汽车开了炮，这些人被苏军俘获。8月14日，苏联红军普利耶夫上将指挥的苏联红军前线部队和蒙古人民共和国人民军骑兵机械化集团群，即苏蒙联军，正式进入多伦城。

当时多伦的老百姓对这一突发事件并不清楚是怎么回事，感到十分恐惧。县商会会长武瑞斋带领着一些老百姓举着白旗，到街上欢迎。看到这种情况，苏军的军官立即让翻译人员反复解释说："你们不是投降，不能举白色的旗子，我们是来解放你们的。"商会会长武瑞斋将信将疑地让百姓们回去赶制彩旗，欢迎苏蒙联军进城。

苏蒙联军进入多伦城后，随军的蒙古人民共和国慰问团团长拉木扎布召集察哈尔各旗的代表在多伦开会，宣布成立察哈尔临时政府，并任命纳·赛音朝克图为盟长，宝日格勒为多伦诺尔旗旗长，武瑞斋为多伦诺尔苏维埃市市长。当时，蒋介石得到苏军出兵的消息后，立即命令华北、华东和华中的日伪军，没有他的指令不得缴械、整编或并入其他部队。同时，他又命令八路军就地驻防待命。为了配合苏联和

八路军领导会晤苏军

蒙古人民共和国军队进入内蒙古及绥热察等地作战，并准备接受日、伪投降，8月11日上午8时，八路军朱德总司令在延安发布命令，贺龙所部由绥远现地向北行动，聂荣臻所部由察哈尔、热河现地向北行动。根据延安总部的命令，晋绥冀军区司令员聂荣臻指示所部：第十二、十三、十九军分区迅速夺取张家口、张北、多伦，冀热辽军区主力一部立即向辽宁、吉林挺进。

命令发出后，毛泽东让聂荣臻留下，周恩来作出指示：你们全军的重点任务是尽量多占一些地方和主要交通线，应派出大批干部和部队去东北开展工作，争取东北成为我们的根据地。接到指示后，身在延安的聂荣臻、萧克、刘澜涛立即给平北察蒙骑兵支队发去一份电报：蒙古人民共和国已经对日宣战并出兵，可能会向张家口突击，要求察蒙骑兵支队沿张（张家口）库（库伦）公路与苏蒙联军取得联络。

平北根据地是1939年春，由萧克率部在张家口以东、潮白河以西的平北山区建立的，一年后又建立了平北地委和军分区。八路军平北军分区司令员詹大南接到命令后，立即督促张家口日军投降，但遭到日军拒绝。8月18日，平北军分区决定以武力收复张家口。就在此时，

詹大南、段苏权接到察蒙骑兵支队副队长吴广才、副政委肖泽泉从张北发来的电报：14日和15日，苏蒙联军已经分别占领了多伦和张北，察蒙骑兵支队在张北附近遇到了头戴红星的苏联红军。平北地委立即决定，派遣商云飞同志为多伦县县长，带领一小部分人马到达多伦，准备接管政权。

商云飞等人是8月22日到达多伦的。由于驻扎在多伦城的苏蒙联军对当时中国国内复杂的政治形势认识不清，不承认中共平北地委对商云飞同志的任命，也不准他们进城。为了避免与苏蒙联军产生误会，商云飞没有贸然进城与苏军直接接触，而是进驻了多伦南部的大二号村。大二号村原来是伪警察署所在地，有十多名警察，已被苏蒙联军收降。考虑到复杂的形势，商云飞当晚召集这些警察，向他们宣布了中国共产党对敌伪人员的政策，并动员他们参加八路军。这些人大多出身贫寒，知道八路军是穷苦人的军队，听到动员后，他们表示拥护人民政府，主动将十多支枪和一些子弹交给人民政府。商云飞又在当地召集了一些贫苦群众的子弟加入到人民政府的军队中，这样，由平北地委所派人员、原伪警察和新入伍的人员组成了一支由共产党领导的革命

武装，为入城工作做好了准备。

9月初，经多伦维持会杨方、朱梦文、王志士联系，商云飞与苏军普利耶夫上将和城防司令诺毕克夫大校取得联系，并进行多次交涉和谈判，苏军同意中共代表接管多伦地区政府工作，这样商云飞带领的八路军就进驻了多伦县城。听说共产党县长来到多伦城，上千的群众涌上街头，他们拦住队伍，要商县长讲话。商云飞十分激动，走上高台子，揭露日伪在多伦城犯下的罪行，阐明中国共产党建立民主自由国家的主张，要求百姓努力发展生产，改善人民生活。街上的群众越聚越多，都觉得共产党的政策和主张利国利民。人们也被眼前这位身材魁梧、衣着朴素、态度亲切、声音洪亮的共产党县长所感动，商云飞的讲话不时被群众的掌声打断。由于时局的这一变化，蒙古人民共和国内务部拉木扎布在多伦地区的各项任命随之作废。共产党领导的多伦县政府入城后，面临着四项主要任务，一是接待苏蒙联军；二是接管地方政权；三是组织人民武装，打击土匪和反动势力；四是发展工商业，发展生产。不长的时间里，商云飞领导的人民政府工作卓有成效，深得老百姓的信任，也让驻城的苏军刮目相看。

11月，党中央从延安派来了两名俄语翻译到达多伦，开展对苏军全面的联络工作。11月底，国际、国内政治形势错综复杂，且十分微妙，苏军迫于美英等国的各种压力，要求中共领导的多伦县政府从多伦县城迁出。中共领导的县党、政、军机关遂迁至城南的二道渠。

1946年1月26日，苏蒙联军撤离多伦，中共多伦县党、政、军机关迅速迁回县城，继续全面行使政权。

多伦解放

1946年6月底，蒋介石发动全面内战，8月底至10月初，国民党军队相继占领了承德、围场、隆化和丰宁，多伦形势十分严峻。10月8日至12日，中共多伦县党、政、军机关分南北两队分别撤离县城，转入乡村进行游击战。随即国民党东北十三军独立骑兵第一团李智棠部占领了多伦城。

1946年12月，国民党在多伦城设立"察哈尔省第一专员公署"和"察哈尔省第一保安司令部"，对多伦人民实施严酷的统治。从1947年春天开始，国民党军强征百姓，在县城周围修筑土城墙、炮楼、暗堡等军事防御工事，妄图做最后的挣扎。

多伦城位于坝上草原腹地，既

是国民党军控制锡林郭勒草原的战略要地，也是国民党军分割东北解放区与冀热察解放区交通兵站的基地，同时还是国民党在内蒙古及坝内外特务活动的大本营。因此，盘踞在多伦城的国民党军队就像一根钉子插在了东北和冀热察解放区中间，成为国民党军侵占坝上草原、向东进犯热河西部、向南进犯察哈尔东部、西南支援张家口的战略要地。

解放多伦，可以冲开国民党军队的塞北大门，打掉其情报机关，不仅对巩固和扩大热西、察东、察北解放区有重要意义，而且能使东西约500里、南北约700里的交通线得以畅通，为配合解放军东北战场的全面进攻创造有利条件。1948年4月初，中共冀察热军区司令员詹大南主动向冀热察辽军区首长程子华、黄克诚请示攻打多伦，很快得到军区首长的批准。

当时国民党傅作义军队为应付解放军晋察冀军区的攻势，其主力主要集结在北平至包头的铁路线上，故而察哈尔北部地区空虚，使国民党军占领的多伦城则处于孤立无援的状态。驻守多伦城的敌军包括国民党多伦县政府，国民党多伦县党部，国民党察哈尔省第一保安司令部行政督察公署，多伦城防司令部，招抚专员办事处，察哈尔保安第四总队第十、十一团，国民党保警队，城防司令部强拉民夫壮丁组成的"十七大队"，克什克腾旗、围场县流窜在多伦的土匪于白团和布利亚特旗残匪；此外，还驻有国民党国防二厅、中统局、北平行辕等特务谍报组织，及国民党正蓝旗、克什克腾旗、布里亚特旗流亡政府办事处，多伦诺尔旗政府等，共计2000余人，由察哈尔省保安司令部行政督察公署专员郄辛田指挥。国

解放多伦的部队整装待发

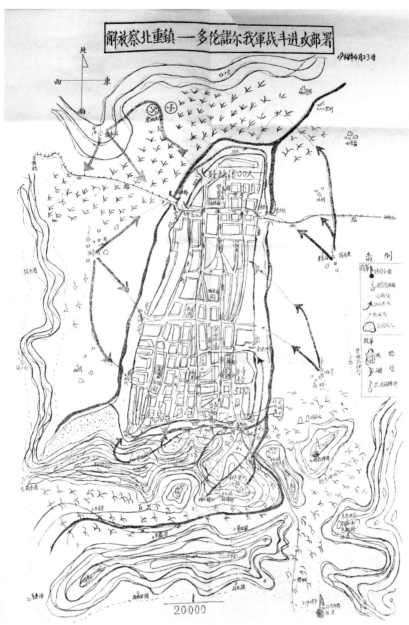

解放多伦军事进攻图

民党军武器装备精良，土城墙和炮楼都有3米多高，环城每40米至50米筑有碉堡和地堡，城内街巷还有小型碉堡，城墙外有护城河和深浅不一的壕沟。

4月8日，在丰宁大阁一带进行军事训练的冀察热军区部队，接到上级指示，要求部队用8天时间完成解放多伦前的思想动员、战术布置和物资准备工作，然后经过3天的急行军向多伦进发。

4月22日，担任主攻任务的冀热察军区独立七师和山炮营以及察北蒙汉骑兵师等部队，集结在县城西南30里的泡子沿、马莲滩一带，配合作战的冀热察辽的一个骑兵师（以朱德名字命名的骑兵师，称朱德骑兵师）也从围场赶到多伦。至此，解放军参战部队人数近1万人，武器装备除步枪和马刀外，还有"八二"迫击炮5门、"六〇"炮3门、"九二"步兵炮2门、山炮5门、重机枪12挺、轻机枪100多挺、掷弹筒28个。此时，解放军组成了攻城指挥部，冀察热军区司令员詹大南任总指挥，独立七师师长陈宗坤任前线指挥。

4月23日凌晨4点，独立七师步兵、山炮营、蒙汉骑兵师抵达多伦城南20里的沙驼子、白水淖一带做攻城准备。早晨7点，独立七师组织营以上干部和突击连长到多伦城南的沙梁子观察地形。考虑地形比较复杂，决定把原计划20点的总攻时间提前到18点进行，主攻方向由城西南角突破，争取黄昏前结束战斗。

4月23日上午，城外的战斗开始打响，配合攻城作战的冀热察辽朱德骑兵师一团首先与东菜园、南

沙梁的外围国民党军接火，展开激烈的战斗。朱德骑兵师一团一连连长赵连水身先士卒，率领全连战士攻占东菜园后，随即指挥部队消灭流窜的敌人。一颗子弹击中了他的肚子，肠子流出，他两次艰难地将肠子送回肚子里，捂着伤口继续指挥战斗，直到流尽最后一滴血，英勇牺牲。赵连水连长在抗日战争期间，曾经打死过几十个日本鬼子；解放战争期间，历经数十次战斗，负伤13次。

同时，蒙汉骑兵师一、三两个团向驻守在汇宗寺和善因寺的于白团和保警队进攻。上午10点，占领西菜园；下午4点，外围敌人已被扫清，国民党守军被全部压缩在城内。

当天中午12点，集结在沙坨子、白水淖一带的独立七师、炮兵营、蒙汉骑兵师冒着敌机的轰炸、扫射向多伦城边急进。16点10分，炮兵开始进入南沙梁子预定阵地；16点40分，炮兵向城里的国民党军发起轰击。担任主攻任务的十九团组织突击营连续两次向国民党守军发起攻击，由于敌人火力过猛，突击营遭受重大伤亡，连排干部及预定代理人大都牺牲或负伤，失去了突击能力。总攻时间已经迫近，十九团团长黄泽九焦急万分，亲自上前沿指挥进攻，但被迂回到解放军侧

翼的敌机枪手击中头部，光荣牺牲，年仅 35 岁。

在十九团突击受挫之时，师部又命二十团由城西南角攻城。在城西南角，国民党军队有两个大碉堡，里面有 1 挺重机枪、2 挺轻机枪和 1 门"六〇"炮，敌堡的密集火力在碉堡前几十米开阔地构成了一道火力网，严密封锁了解放军的攻城通道。危急时刻，十九团突击营三连八班班长贺凤江主动请战，爆破敌人碉堡。

贺凤江把八班分成了 4 个爆破组，他自己担任第一爆破组组长，准备第一个冲上去。但战友们认为贺凤江是班长，承担着指挥职责，都不同意。贺凤江只好把第一次爆破的任务交给老战士张文山的小组。爆破组

解放多伦烈士纪念碑

在全连火力的掩护下，爬到距离碉堡50米处，便被敌人密集的火力一个一个地击倒。贺凤江毅然把代表八班荣誉的"团结友爱""巩固部队""贺凤江班"三面奖旗交给副班长张连元，并掏出2000元边区币一并交给张连元，让他代交最后一次党费，拿起爆破筒，带领两名抱炸药包的战士向敌堡冲去。由于城东南是光秃秃的沙丘地带，在沙窝地冲跑非常困难，贺凤江艰难地钻过第一道火力网时，左臂受伤，鲜血浸透了袖筒，两名战士也倒在了沙丘上。贺凤江依然冒着枪林弹雨一步一步地往前爬，当距离碉堡20米处时，他身上已经多处中弹，左腿被打断，浑身淌血，最后他使尽全身力气，握着爆破筒支撑起身躯，吸引着敌人的火力，壮烈牺牲，年仅24岁。在敌人的火力完全被贺凤江吸引去的时刻，副班长张连元果断带领另两个爆破组从侧翼将两个碉堡炸毁。此时，炮兵也将城墙东南角轰开，三连战士勇猛向城内冲锋。

17点30分，解放军提前发起总攻命令，由城东南、西南和正南三面突破口向城北推进，国民党守军防线全面崩溃。

在解放军炮火停歇时，敌军乘机向西南突破口反扑，妄图堵住十九团突击营，突击营的二连和三连随即与敌军展开白刃战。此刻，突击营一连已经攻入大西街和敌军展开了巷战。不久，突击营全部攻入城内，直取城北敌保安十团团部。突破前沿后，十九团全部投入纵深战斗，由正面和东南角向北突破；二十团的一个营从西南面迅速向北突破。解放军的勇猛冲击，打乱了敌人的部署，被压缩在城东部的西北角，四处逃窜。

20点20分，解放多伦的战斗结束，国民党守军除总指挥郜辛田带100多骑兵逃窜外，均被解放军部队歼灭。

这次战斗共击毙国民党保安第四总队上校总队长颜景卿等612人，俘虏上校副委员徐振歧等1400余人。国民党中统特务李铁夫、国民党多伦县党部书记长李镜函及县长王家德等均被俘获。此战，解放军指战员牺牲74人，负伤291人。

解放多伦的战斗，是解放军独立七师组建后的第一次攻坚战，也是解放察北的第一仗，扩大了察北局面，减少了热河西北地区的匪患，使解放区通往赤峰及东北等地的交通线进一步得到了保障，为彻底解放锡察草原奠定了坚实的基础，也为彻底消灭国民党军队、迎接全国的解放做出了贡献。

仁人志士

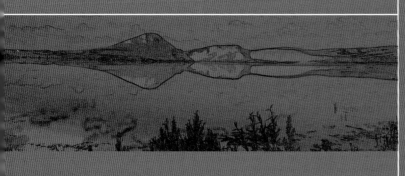

HUASHUONEIMENGGUduolunxian

仁 人 志 士

RENRENZHISHI

作为内蒙古佛都的多伦流传着一代高僧的历史功德，而抗日英雄吉鸿昌、革命烈士黄泽九等革命先驱在多伦留下了英雄事迹，激励着多伦人民奋勇前行。

一世章嘉活佛

一世章嘉活佛，明崇祯十五年（1642年）十月初十出生在青海湟水之滨达秀村的一个移居青海的山西商人家庭，取名为"更栋嘉布"。父亲张益华，母亲塔姆措，夫妇两人均为藏传佛教的虔诚信徒。

更栋嘉布出生以后，显出不少佛迹瑞兆。5岁时，由第五世班禅喇嘛指认为扎巴沃色的转世灵童，9岁在青海佑宁寺坐床。顺治九年（1652年），五世达赖喇嘛赴京朝觐顺治帝，途经青海时，11岁的更栋嘉布谒见五世达赖喇嘛，五世达赖喇嘛为其授沙弥戒，并取法名为"阿旺罗桑·却丹"。16岁去西藏，在拉萨哲蚌寺先后拜著名的敏珠尔活佛和罗追嘉措活佛两位高僧为师，学习显密经典，27岁获格西学位。他在西藏学法二十余年，与五世达赖和五世班禅喇嘛等藏传佛教上层人士接触广泛。

康熙二十二年（1683年），一世章嘉活佛返回青海佑宁寺讲经。康熙三十年（1691年）五月，与五世达赖派遣的代表罗追嘉措活佛一起参加解决喀尔喀蒙古冲突的多伦诺尔会盟。由于罗追嘉措活佛、章嘉活佛和清朝派遣的理藩院尚书阿喇尼的努力，扎萨克图汗与土谢图汗不顾噶尔丹的代表的挑拨离间，达成和平协议，重归于好，受到康熙帝的嘉奖。从此拉开了一世章嘉活佛和他以后的转世活佛参与清朝政治活动的序幕。

多伦诺尔会盟后的第三年，也就是康熙三十二年（1693年），康熙帝颁诏给一世章嘉活佛：我需要一位有大功德的喇嘛，你是有大功德的良善上师，故遣使召请，望无论如何也要前来。这一年康熙帝召请章嘉活佛，作出了两个重大决定：其一，以一世哲布尊丹巴呼图克图率喀尔喀蒙古三部归附清朝有功，封为"大喇嘛"，正式确认了哲布尊丹巴在喀尔喀蒙古地区藏传佛教的领袖地位；其二，让一世章嘉活佛掌管京师地区藏传佛教事务，以此加强清王朝对蒙古各部的影响。正因为这样，章嘉活佛抵京后，在一般情况下，夏季在漠南蒙古沿长城地区传教，冬季回京师任职。

康熙三十六年（1697年），一世章嘉活佛由蒙古经甘肃、宁夏、青海去西藏，奉旨主持六世达赖的坐床典礼。由于前些年准格尔部经常劫掠四邻，许多厄鲁特部众迁徙到青海一带，噶尔丹虽败亡，但他们对中央政府抱有怀疑、恐惧、观望的态度，不知如何与清政府处理关系。因此，一世章嘉活佛在途经青海时，召集厄鲁特蒙古各部台吉，传达清政府的声音，劝导他们进京朝见康熙帝，归附清政府。一世章嘉活佛的这一举措为稳定青海的局势以及日后中央政府收复青海起到了重要的作用。

康熙三十六年（1697年），56岁的一世章嘉活佛到达多伦，在多伦一边参与汇宗寺的规制和土木工程的后期建设，一边组织漠南蒙古地区的僧人学经。这期间，他以自己不可思议的断证功德，感化四十九旗的官员百姓以及喀尔喀

五十余扎萨克等广大蒙古地区的众生，使各地修行佛法深义的众人如蜜蜂聚集莲园一般聚集到他的身边。他为众人传授沙弥戒和比丘戒，传授修习菩提道的次第以及密集、胜乐、大威德的灌顶、随许、教戒等，成为医治众生心灵的良药。由于一世章嘉活佛卓有成效的宗教活动，在漠南蒙古地区民众中树立起崇高的威望。

康熙四十年（1701年），汇宗寺建成，康熙帝亲临寺庙拈香礼佛，肯定了章嘉活佛在漠南蒙古地区的功绩，决定汇宗寺为章嘉活佛的坐床寺，并设立喇嘛印务处，任章嘉活佛为"多伦诺尔喇嘛庙总管漠南蒙古喇嘛事务之扎萨克喇嘛"，掌管漠南蒙古藏传佛教事宜，漠南蒙古四十九旗每旗选派一名喇嘛到该庙礼佛，形成了"家各一僧"制度。漠北喀尔喀蒙古各旗也依照这一制度，各派僧人到汇宗寺住持。从此多伦便成了蒙古地区藏传佛教的中心，使得藏传佛教在蒙古地区得到了广泛的传播。

康熙四十四年（1705年），一世章嘉活佛被封为"灌顶普善广慈大国师"，清政府颁给他一枚重八十八两八钱八分的金印，并诰命赏赐九龙黄褥、貂皮褥等。

康熙四十九年（1710年），一

世章嘉活佛向清廷请假回故乡郭隆寺。康熙准假，并赏坐黄幔围车。

康熙五十二年（1713年），康熙帝又一次巡视多伦，听取漠南蒙古各旗扎萨克述职，一世章嘉活佛陪同随行。康熙看到多伦寺庙庄严宏丽，各旗来的僧人皆在佛寺中专心学法，虔诚地供佛焚香，一派兴盛的梵宇气象，高兴地对一世章嘉活佛说："斯庙即极庄严，各旗喇嘛来弘法，朕心甚慰。追溯来源，均尔一人之力。"而后康熙命一世章嘉活佛与自己同坐在一个坐垫上，由两名噶仁巴侍从进行辩经，并宣敕云"此寺为外藩蒙古而建，由于你等善修法事之力，使众蒙古安乐富足，为结下今后像以前一样长期安住之善缘，特赠哈达一方"，并宣布，"黄教之事，由藏向东，均归尔一人掌管"，还赏赐很多珍贵物品，正式确定了章嘉活佛在漠南蒙古地区的藏传佛教的领袖地位。同年，康熙赐封五世班禅为"班禅额尔德尼"，其驻锡地为日喀则的扎什伦布寺。清政府派官员进藏赐他金册金印，要他协助拉藏汗管理西藏地方事务，从此班禅的宗教地位得到清政府的确认。至此在格鲁派佛教界将达赖喇嘛、班禅额尔德尼、哲布尊丹巴活佛、章嘉呼图克图尊称为"黄教四圣"。

康熙五十三年（1714年），一世章嘉活佛完成自传的写作，并为热河溥仁寺、溥善寺的建成开光。

康熙五十四年（1715年），一世章嘉活佛身患重病，通过理藩院转奏给康熙皇帝。康熙派御前侍卫喇什曼兰巴贡桑等为内使亲往看视，并派御医诊治，依然无效。五月二十六日巳时，一世章嘉活佛圆寂于汇宗寺章嘉仓官院，享年七十三岁。康熙帝听到这个消息十分悲痛，特赠五十两重银曼达一个、蟒缎哈达一方、檀香四束、拨帑银一千两治丧，并在多伦按格鲁派礼仪举行了隆重的祭奠活动。同年九月二十二日，康熙命藏司托巴等人将其法体龛座由汇宗寺运回郭隆寺。康熙五十五年（1716年）正月初五，一世章嘉活佛法体在郭隆寺火化，并于五月完成灵塔装殓仪式。

一世章嘉活佛在汇宗寺的十八年时间里，为维护祖国统一，密切中央王朝与蒙藏地区的关系做出了贡献。他确立了章嘉活佛系统在漠南蒙古地区藏传佛教中的领袖地位，对巩固清王朝在漠南蒙古地区的封建统治起到了重要的作用。同时，为章嘉活佛系统与清王朝皇室之间的亲密关系奠定了坚实的基础，也为以后的历代章嘉呼图克图的政教事业顺利发展铺平了道路。

抗日英雄吉鸿昌

吉鸿昌生于河南省扶沟县吕潭镇一个贫苦农民家庭。1913年秋，弃学从戎，投入冯玉祥部当兵。他因吃苦耐劳、智勇正直被冯玉祥赏识，提升为手枪连连长，不久又提升为营长。1925年10月，吉鸿昌升任绥远省督统署直辖骑兵团团长兼警务处处长。不久又被任命为第三十六旅旅长。1926年9月，冯玉祥在五原誓师，响应北伐，吉鸿昌率部参加了西安之战。

1930年4月，中原大战爆发，吉鸿昌奉命率部从宁夏出潼关，参加讨蒋大战。9月，冯玉祥的西北军战败。吉鸿昌为了保存实力，接受蒋介石改编，就任第二十二路军总指挥兼第三十师师长，不久被蒋派往光山、商城一带进攻鄂豫皖苏区。吉鸿昌对进攻苏区十分反感，蒋介石发现吉鸿昌有"谋反"之意，便解除了他的军职，逼迫他出国"考察"。1932年，上海"一·二八"事变爆发后，吉鸿昌闻讯立即回国寓居天津，并整理出版了《环球视察记》，借以抒发他忧国报国的热情。1933年4月，吉鸿昌毁家纾难，变卖6万元家产购买武器，来到张家口，积极参加冯玉祥的察哈尔民众抗日同盟军，联络各地抗日零散武装，做起兵抗日的准备工作。

1933年5月26日，察哈尔民众抗日同盟军（以下简称"同盟军"）成立，吉鸿昌任北路前敌总指挥兼第二军军长。率部向察北伪军进击，在收复康保、宝昌、沽源等城池后，吉鸿昌又指挥部队向多伦进攻。在多伦攻城战中，吉鸿昌身先士卒，赤臂袒胸，手提大刀、手枪，率部呼号冲锋。经过五昼夜血战，7月12日终于收复多伦。察北四城的收复，极大地鼓舞了全国人民的斗志。然而，蒋介石却反诬同盟军破坏"国策"，令何应钦指挥16个师与日军夹击同盟军。

1933年8月26日，吉鸿昌率领3000多人试图去商都同同盟军高树勋部会合，建立苏区。但遭到国民党军队的围追堵截，苏区因而未能建立。吉鸿昌无奈之下找到了方

吉鸿昌回国后摄于天津

吉鸿昌在天津居住的红楼

振武，准备一同进攻由国民革命军驻守的北平城。9月21日，行进到日军和国军交界的非武装区。日军飞机投放传单，要求吉鸿昌部队3日内离开，不然派兵剿灭。10月10日，吉鸿昌部队在进攻到北平附近的昌平被中央军伙同晋军、西北军包围，军队大部崩溃。随后，日军主力在察哈尔边境集结，并驱使败退伪军准备重新进攻。苏联在国民政府的压力之下也停止了对同盟军的支援。国民政府中央也派出要员去说服同盟军领袖冯玉祥放弃独立割据的念头，将部队交给中央指挥。

吉鸿昌部在多伦

内忧外患之时，同盟军内部的东北义勇军部首先表示归附中央。冯玉祥也发表声明取消了同盟军司令的头衔。8月15日，伪军重新进攻多伦，同盟军全军转移。转移之后，剩下的5万同盟军彻底瓦解。吉鸿昌战至10月，因弹尽粮绝而失败。

同盟军失败后，吉鸿昌从昌平逃脱，回到天津租界，与中共党员宣侠父及原西北军将领任应岐紧密联系，继续从事抗日救国斗争。

1934年1月，吉鸿昌与宣侠父来到上海，由时任中共上海中央执行局军委委员的王世英代表中央局与吉鸿昌谈话，经宣侠父介绍，正式履行了加入中国共产党的手续。随即两人返回天津。

1934年春，共产党员南汉宸秘密来到天津，住在吉鸿昌的家中，准备利用原西北军的老关系，借助天津外国租界的便利，积极联合全国各地的抗日和反蒋力量，准备再次举起武装抗日大旗。6月，吉鸿昌、南汉宸秘密与杨虎城取得联系，并得到杨虎城的援助。他们积极筹资购买武器，进行武装抗日反蒋的准备工作。

1934年5月，在中国共产党的领导下，吉鸿昌、宣侠父、南汉宸、任应岐等，联络各派抗日人士，在天津组织成立了"中国人民反法西斯大同盟"。主要任务是联络全国各地抗日反蒋军队，宣传抗日统一战线政策，组织抗日武装力量。该组织中央委员会由冯玉祥、李济深、方振武以及共产党员吉鸿昌、南汉宸、宣侠父任委员，吉鸿昌被推举为主任委员，南汉宸担任秘书长。吉鸿昌家三楼一角，设立了一个秘密印刷所，出版了机关刊物《民族

1953年，毛泽东主席为吉鸿昌烈士签发光荣纪念证

战旗》。他的住宅也成了党组织的地下联络站，因而被党内同志称为"红楼"。

此时蒋介石一方面责成国民政府发出通缉吉鸿昌的紧急命令；一方面通过军统特务头子戴笠，派天津站长陈恭澍对吉鸿昌等人进行暗杀。11月9日晚，吉鸿昌与任应岐在法租界秘密开会时遭军统特务暗杀而受伤，被法国工部局逮捕。11月14日，吉鸿昌和任应岐被引渡给国民党天津市公安局。11月22日，两人又被押解到北平军分会军法处；11月23日，以"多次煽动兵变""加入共党""危害民国"的罪名，判处吉鸿昌、任应岐枪决。吉鸿昌在给夫人胡红霞的遗嘱中写道："夫今死矣，是为时代而牺牲……"

1934年11月24日，吉鸿昌英勇就义，年仅39岁。临行前，他用树枝做笔，以大地为纸，写下了浩然正气的就义诗："恨不抗日死，留作今日羞。国破尚如此，我何惜此头！"

革命烈士黄泽九

1948年4月，解放多伦的战役中，人民解放军牺牲的最高级别的指挥人员是十九团团长黄泽九。

黄泽九1912年出生于福建省宁化县淮土乡小朱王村一个农民家庭。1930年6月，黄泽九先后参加了少先队和自卫队等革命组织。一个月以后，就当了红军并加入共产主义青年团。1931年4月，黄泽九在宁化水茜庙前作战负伤；7月，被分配到由朱德领导的红一军团一师，任通讯班班长。1933年冬，任中央通讯队任通讯员，后调中央特务团担任毛泽东同志的警卫员，参加了中央苏区第四、五次反"围剿"作战。1934年10月，参加二万五千里长征。

1935年10月，红军到达陕北甘泉县后，黄泽九加入中国共产党。1936年2月，奉命进入"红军大学"三科（步兵科）学习培训一年。1937年2月，毕业分配在庆阳教导一连任副指导员，后又提升为三连指导员。1937年，黄泽九调任一一五师三旅三团某连指导员，参加了平型关战役，负重伤。1938年1月，伤愈后，调任一一五师特务团五连指导员。日军对我解放区实行"九路围攻"时，一连、五连合编为一连，黄泽九任指导员。1939年3月，黄泽九奉命率领一连在山西洪洞县设伏阻击，坚守了七个昼夜，有效地牵制了敌人，为粉碎日军的"九路围攻"立下汗马功劳，提升为特务团一营政治教导员；随即率部参加了"百团大战"，担任正面主攻任务，抗击日军的大举进攻，为整个战役胜利做出重大贡献。12月，该部三十二团配属给太南四分区为基本团，黄泽九被任命为该团政委。黄泽九先后三次负伤。

解放战争开始时，黄泽九同志担任冀察热辽军区五旅十三团团政委。1947年5月5日，冀察热辽军区独立十三旅进至大阁（今河北丰宁县）张百万大榆树沟一带，黄泽九指挥了上黄旗烟囱沟战斗，为整个冀察热辽地区大反攻拉开了序幕。1948年，黄泽九担任冀察热辽军区独立第七师十九团团长。这时，孤悬于塞外的多伦成为国民党"北扰蒙旗、南犯热西、东进热北，并分割我东北与冀察热辽交通兵站的基地"。1948年初，黄泽九接到冀察热辽军区解放多伦的紧急命令，率部向多伦进发。

1948年4月23日，解放多伦之战正式打响，黄泽九的十九团担任主攻。中午12时，黄泽九带领十九团向多伦城外西南角的主阵地挺进，以一营为突击营，三营从南助攻。国民党军在多伦城南建了一丈多高土城墙和碉堡，而城外视野开阔，为光秃秃的沙窝地，对我军作战十分不利。但我军仍然坚持，进入沙地后，由于重武器装备运送困难，加之敌人两架飞机不停扫射、轰炸，十九团用了两个半小时才艰难地到达指定进攻位置。总攻开始后，黄泽九命令十九团突击连迅即向城墙运动，在距预定突破口50米处，因地域开阔无法隐蔽，伤亡很大，最终决定强攻，用炸药包炸塌城墙。随后黄泽九指挥十九团二、三连向猛扑过来敌军展开战斗，一开始双方用手榴弹互攻，到最后短兵相接、白刃格斗。战斗到了白热化阶段，黄泽九奋不顾身，快步冲向前沿勘察地形，敌人的火力向他扫来，黄泽九不幸中弹牺牲。战友们踏着烈士的血迹奋勇前行，一举攻克敌人的防线，古城多伦获得解放。

民俗风情

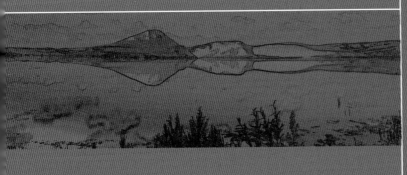

HUASHUONEIMENGGUduolunxian

民　俗　风　情

MINSUFENGQING

六月十五喇嘛寺庙神秘的查玛舞，旅蒙商人热闹非凡的民间社火，回族居民自成体系的民俗风情，彰显着多伦特色文化内涵。

喇嘛庙法会与查玛舞

作为清朝漠南蒙古的佛都，多伦的汇宗寺和善因寺两大寺院属于内蒙古地区的巨型寺院，其佛事活动相当频繁，规模也大，几乎每天都有法会。两寺每年举行的全寺庙性的活动有三次：第一次是农历正月初一至十五的新年会和莫勒木法会，第二次是六月初一至十五的萨嘎尔法会，第三次是七月初七至十八的迈达尔法会。

新年会从正月初一开始。这一天，两个寺庙的呼图克图、葛根等高级喇嘛和一般喇嘛都聚集在大经堂，奉诵祈愿经、烧香、叩头、拜佛、祈祷祝贺新年。正月初二，喇嘛们先到各活佛和各扎萨克喇嘛府上拜年，活佛等要给拜年的喇嘛散

汇宗寺六月十五庙会

汇宗寺查玛舞

发压岁钱。各活佛在这一天举行宴会，宴请本仓的达喇嘛、德木齐等上层喇嘛。正月初三至初六，寺庙的喇嘛之间互相拜年，但不许放鞭炮，不许喝酒。正月初七至十五日，举行全寺庙性"莫勒木钦布"法会，这是一种善缘会，是一般信徒与喇嘛相会于一处结成善缘的意思。来

参拜的人，转动着大殿前的"嘛呢筒"，嘴里唱着"唵、嘛、呢、叭、咪、吽"六字真言，进殿去礼拜。根据藏传佛教传说，顺治皇帝与五世达赖在北京会面，深为藏传佛教教义所感动，大量布施才帛，顺治与五世达赖结下了善缘，这是"莫勒木"的起源。后来此种善缘，由西藏传到了蒙古。莫勒木法会是一年一度的法会，聚集的喇嘛多，信徒多，盛况空前，还要举行大型的跳查玛舞。

六月初一至十五的萨嘎尔法会，也称为"查玛"，以举行查玛舞为主要内容，是多伦最传统的庙会。

"查玛"是蒙古语的音译，意思是跳着舞着。查玛舞是宗教祈祷和文娱表演形式相结合的寺庙宗教仪式活动，民间老百姓称"跳鬼"。查玛舞，最早反映的是古印度佛教在产生、发展过程中同异教徒或反对佛教的势力做斗争的历史事迹。佛教传入到西藏以后，查玛舞的内容直接同西藏藏传佛教遭到朗达玛国王迫害的历史联系起来。根据藏传佛教传说：在印度国王扎萨哈西拉时期，有一位老妇人，生有四子，后来靠养鸡致富，一心信佛，用牛拉土托石，建造佛塔。竣工之时，老妇大摆宴席，招待工匠。但却忘记了牛的功劳，于是这头牛发誓："我死了以后，如果再降生人间，一定要灭掉佛教。"这时，一只乌鸦在塔上听到了牛的誓言，也发誓说："如果我来世降生到人间，一定要保卫佛教。"后来牛和乌鸦都降生到人间，牛降生为西藏国王二十七世太子，名叫朗达玛；乌鸦降生为西藏国师喇隆巴拉道尔吉，两人甚为亲密。朗达玛继承王位以后，践行前世诺言，毁灭佛教，烧

善因寺查玛舞（一）

善因寺查玛舞（二）

经掠寺，无所不为。而喇隆巴拉道尔吉，亦践行前世誓言，在跳步扎的时候，趁机刺杀朗达玛，挽救了佛教。后来朗达玛转生为精灵，时常出来破坏寺庙，残害僧侣。喇嘛们便戴上假面具，装扮成刺杀他的刺客，出来跳舞，把他吓跑，从而藏传佛教得以平安无事。从此，为了降伏妖魔，免除灾祸，便跳起了查玛舞，并一直延续下来。它除了降妖避邪的内容外，还有赞颂佛法、用佛法普度众生、医治疾病的内容。根据藏传佛教传说，跳查玛舞，能医治人体中的四百零四种疾病。因

此，它既有宗教的内容，又是一项具有文娱体育性质的民间活动。多伦汇宗寺和善因寺每当举行大型法会，如正月十五的新年祈愿法会、四月十五释迦牟尼诞辰节、六月十五善缘法会、八月十五"玛尼法会"等的时候，在诵经拜佛的同时，都要举行跳查玛舞活动，作为法会结束时的隆重仪式，吸引着成千上万的人们观看。

多伦两座寺庙举行的跳查玛舞，一直属于大型查玛舞会，有一百多个角色参加表演，到了民国以后寺庙衰落，才降为中型，其角色为

五六十人。表演查玛一般要划一个白色圆圈，称为"查玛日"，是查玛的舞台。查玛舞的主要角色有佛、神、人、金刚、兽、魔、鬼等。几乎所有的演员均头戴面具，用布或纸做成的形象帖在面具模型上，代表和象征不同人物的意志、性格、情感、年龄、性别、地位等。黄色面具代表功德无比、勇敢、意志坚强、为百姓利益战斗的英雄形象；红色面具代表非常威武、文武双全，能征伐内外敌人，能为人们带来和平的英雄形象；绿色面具代表能够征伐恶魔而且能感化恶魔的女性英雄形象；白色面具有的代表骷髅恶魔，有的代表善良亲切的人物形象。跳舞之前，在寺庙大殿台基上，沿中轴线，排列两行乐队，其中有四只大喇叭、四只中喇叭、八只小喇叭，有大鼓八个、小鼓八个、大钹八个、小钹八个、铜锣两个、海螺四个。

关于多伦两寺跳查玛舞的铺设状况，清代著名诗人徐兰的《打鬼歌》描述，"是日佛殿上燃灯千盏，建大旗于殿四隅，旗绘四天王像，戳由鸣金传，执事者齐集，设呼图克图座于殿东，朝尔吉以下俱列坐。"当查玛舞开始时，众喇嘛聚集在大殿内诵经，根据查玛舞的性质，奉诵赞颂经、祈愿经、降魔经或驱邪平安经等，乐队协同吹奏，气氛庄严。

在广场四周围绕有大批的信徒和观众观看表演，场面热烈而且庄重。徐兰的《打鬼歌》对表演的叙述："一僧名茶勃勒气，散净水于众僧掌中，无常职班第为之。几上阵胡朗叭令，以醍醐（精制的奶酪）拌面，作人兽形，去鬼食也。二甲士左右立，以帛束口，恐人气觞之，鬼不食也。班第扮二小鬼对舞，一夜叉睨其旁，向内一呼潜入人丛中，撒面以眯人目。殿内吹钢冻，西番乐器骸骨为之，诸乐随之以奏。合嗦尔十二人，戴假面，扮马哈喇佛，备极殊怪，双双跳舞而出，其一曰厄利汗，文殊化身，二曰作嘛知，文殊之护法神，三曰嘛哈噶喇，四曰喇嘛皆观音化身，五曰戚叉叭喇，六曰滋那咪喳，七曰著基阿拉喳，八曰冬琨著煞，九曰生合冬东，十曰出孙冬东，十一曰煞拉瓦，十二曰摸黑，皆观音之护法神。惟厄利汗、煞拉瓦为牛扮鹿面，余皆不可辨。合楞十人，扮十地菩萨，锦衣花帽，继之而出，手执脑骨碗、骨骸棒、纤缕等物。旁立番僧数百人，人持鼓与钹。鼓钹之徐疾，随其跳舞之节奏，赤巴甘出，吴巴什夫妇执香环绕，温则忒宣开经偈（喇嘛唱的词句）。众僧朗诵秘密神咒，哞声如雷，铃声如雨。喇木占巴以胡朗叭令掷于地。于是牛鹿二假面，持刀砍地，作杀鬼状。复有一僧，曰乃冲，戎装执戟，吐火吞刀。云神俯于身，观者皆膜拜，奉界单巾于神，以问休咎，跳舞毕。"

到清末和民国时期多伦两寺的表演形式，大致分为六场进行。

第一场，首先登场的是绿度母，左手拿着玻璃碗，碗中乘着很多称为乌力勒的丹丸，口中念密宗真言，跳着缓缓的舞步上场。绿度母是普度众生的女菩萨，也称救世度母，属于二十一菩萨之中的多罗尊菩萨的化身。穿着彩色长袍，头戴一顶美丽的斗笠，头后部垂下一条象征黑发的带子。舞蹈表现打扫地面，挥洒圣水，迎接众佛神的到来。

第二场，在锣鼓声中，七个吉祥天母，头戴有三眼、巨口的青、红、紫、黄、白面具，身穿蟒袍，脚蹬色靴，手持锤、叉、刀、钩、剑等兵器，翩翩起舞。舞蹈表现寻找妖魔，进行降服，丢下了一只骰子。

第三场，两个金刚，头戴螺头面具，身穿红、黄两色水纹蟒袍，脚蹬红色靴子，上场起舞，舞姿刚劲有力，表现奉吉祥天母之命，寻找骰子。

第四场，五个护法金刚神先后出场。这五位护法金刚，是监察人间的神，其首领是喇哈噶喇神。有青面、红面和黑面，头戴三眼骷髅人头面具，狞眉怒目，身穿绣花蟒袍，手持金刚斧等兵器，作各种降妖除魔的动作。

第五场，四个蝴蝶神，从左右

善因寺查玛舞（三）

两门一起出场。手持骷髅棒，头戴五佛冠，身穿白衣、白裤、白靴，腰间系着象征蝴蝶花纹的彩色带子，跳着欢快的舞蹈，以示要捉住妖魔。

第六场，首先出场的是五个阎罗王和两个鹿神。阎罗王，头戴三眼猪头、红发面具，一手持棒，一手持绢索，身披五色缎披肩，着银色铠甲。其舞蹈动作刚柔相济，以示对妖魔的审讯和惩罚。两个鹿神，头戴鹿头，身穿五色蟒袍，手持刀矛，其舞步变化多端，既有轻柔的动作，又有刚健粗犷的动作，表示斩杀妖魔、清除鬼怪。最后头戴神鸟面具，身穿彩色蟒袍，手持兵器的金翅鸟神出场，杀掉了最后一个妖魔，并向宇宙世界弘扬佛法而结束。

七月初八到十五的迈达尔法会，也是多伦汇宗寺和善因寺必须举行的全寺庙性的法会。迈达尔佛，即"弥勒佛"，又称"未来佛"。在藏传佛教中认为，现今的世界要被水、火、风三劫所摧毁，微尘和细沙都将不存在，到那时，迈达尔佛将重新创建宇宙万物。因此，喇嘛们为了祈祷今世的人与未来佛结下善缘，而举行迈达尔法会。这个法会要在大经堂举行祈祷会，奉诵弥勒佛经，举行迎请弥勒佛仪式，将弥勒佛像安放在华丽的轿子内，由喇嘛抬着绕寺庙三周，众喇嘛和信徒群众跟随其后，绕毕，将弥勒佛像安放到原处。

除了全寺庙性的三次大法会以外，汇宗寺和善因寺的各个官仓都有各自的法会。

大吉瓦仓，在六月初一至十五会举行大祈愿会。它是善因寺最大的法会，多伦的老百姓称为"大庙会"。在这次法会的半个月中，喇嘛们每天都要聚集在大经堂祈愿三次，特别是傍晚的一次祈愿活动，要由几名喇嘛上露台伴奏。在六月十三、十四、十五的三天里，每天都要举行跳查玛舞表演，同时，还要举行摔跤、赛马、唱戏活动，是一年中最热闹的日子。八月初四至初六，会举行"普明王会"。十二月二十四至二十五，会举行宗喀巴圆寂纪念法会，会上为宗喀巴举行纪念仪式，奉诵宗喀巴经。纪念仪式为在大吉瓦仓的大殿举行明灯会，自二十四傍晚起，在宗喀巴像前点四百盏灯，并诵经奏乐，直至二十五日，日夜不断，可点二千五百盏灯。十二月二十七至二十九，举行年末除灾会。在本次法会中，要除去一年中的灾厄，迎接大吉大利的新年。在善因寺的大吉瓦仓殿中，从年末起供上"巴凌"，直至正月十五止，才撤废。

土木图仓，在正月初八至

二十二天。

农乃仓，是祭祀千手千眼观世音的仓，经常举行法会。举行法会期间，喇嘛要断食。本法会自四月初一起，至四月二十六，举行二十六天，隔日断食。九月里的法会为小型法会，挑选两个吉日举行两天，均要断食。在十月的两个大吉的日子里，要举行大型法会，喇嘛均要断食。

多伦制作的查玛舞铜面具

十五，会举行祈愿会。在七月份，两寺都要举行嘛呢法会，只是时间上有所不同：汇宗寺自七月初六至十一，共举行六天；善因寺自七月十二至十八，要举行七天。时间上有所差别，是考虑到讲经的喇嘛和两庙的高级喇嘛都能参加该法会。八月十八至九月十八，举行丹珠尔轮转读经会。

却林仓，本仓只举行一种法会，但时间很长，称"一百一十日法会"，具体日期分为五段进行：自三月初一至三十，计三十天；自四月十六开始，举行十四天；六月十六开始，举行十四天；七月十九开始，举行三十天；九月初一开始，举行

桑堆仓，在八月初一至十一，举行"多尔松法会"。这个法会属于藏传佛教中的秘密佛法会，又称"德木楚格法会"。在举行法会的第一个星期里，缠黑线，并以此为基础，用十色面粉，建起四层楼阁大小的巨型曼茶罗。在曼茶罗四周，摆上献花、香、油灯、水等，由喇嘛诵经，并焚烧息灾护摩的印纸。到第十一天早晨，将曼茶罗毁掉，把剩余的色粉装入瓶中，立即带到河边，往河里放一个写有藏文的八叶莲花，再将面粉撒入河中，供奉水神。在这次法会中，喇嘛们必须喝奶茶，吃干肉粥和馅饼等。吃肉粥时，有用羊肋骨筷子的习俗。

汉族民间社火

多伦地区汉族居民大多是山西、河北、山东等地的移民。以地域为纽带组建的山西社、直隶社以及各行业行会等会社，每逢迎神报赛、庆贺集会，必然举行游艺活动。届时锣鼓火把助威，狮子龙灯游行，人群相随，"人威"助长了"神威"，延续了中原内地的"社火"风俗，它与民间的"香火"庙会还愿风俗结合在一起，被当地人称为"闹会"。每逢农历正月初五至十五，传统庙会是民间社火演出最集中的时间，各家商铺悬挂花灯，各行各业组织高跷、龙灯、狮子、小车子、旱船、秧歌等传统民间文艺表演队在城区各处演出。

高跷是多伦普遍流行的社火形式，山西社多组织高跷队。木跷高度不一，一般为四五尺，有的低至一尺多，表演者身着戏剧人物服装，多为《断桥》《盗仙草》《挑黄袍》《唐僧取经》《八仙过海》《包公赔情》等戏剧中的人物。高跷有文高跷、武高跷之分。文高跷用弦乐伴奏，边走边舞，变换各种队形在街道上表演，舞者有的化装为戏剧人物，有的表现历史故事，有的表现现代生活，内容丰富多彩，不拘一格。武高跷用打击乐伴奏，以表演特技为主，在表演场地，每隔一段距离就摆一张方桌或条桌，连续摆四五张，舞者逐个跳过之后，还要大劈叉，整个表演惊险紧张、动人心魄，与文高跷的热烈舒缓气氛形成鲜明对比。

耍狮子，一般一名引狮人手握

民俗活动

耍狮子

指挥棒引领两对狮子；每两名表演者舞动一只狮子，狮子为一雌一雄。表演时两人顶狮、一人引狮，耍法因顶狮人的技艺高低各异。开演时，锣鼓齐鸣，引狮人以快速舞步引雄狮绕场一周，然后以箭步或筋斗跃身于出场正前五六米处，举灯、挥手、高声喊逗，狮以猛虎下山之势扑来。双方反复搏斗多次，雄狮作驯服状，然后由引狮人指挥做杂技表演，如打滚、跳桌凳、上高台、滚绣球等。最后，引狮人手牵狮头或飞身骑狮绕场结束。

耍龙灯也是多伦社火表演必备的节目。龙身由许多节组成，每节间距五尺左右，一般为十一节，龙头部分有二三十斤重。表演时，引领人手持带有红色宝珠的指挥棒，引领表演者模仿蛟龙的动作。巨龙追捕着红色的宝珠飞腾跳跃，忽而高耸，似飞冲云端；忽而低下，似入海破浪，蜿蜒腾挪。

跑旱船分单船、双船两种。单船表演时，姑娘"坐"在船舱内，艄公和姑娘对舞。双船时，姑娘"坐"在船舱，艄公"坐"在船的前板上和姑娘同舞。两种船体都用木、竹扎成，外面用布和纸彩装，四角悬吊绣球，船舱前后固定着美丽的腊花盆灯，把船打扮得华丽美观。跑旱船表演波澜起伏，跌宕有致，艄公和姑娘配合默契。在多伦，跑旱船一般与秧歌一同表演。

多伦秧歌融合了传统的华北秧歌和东北秧歌的基本表演形式，多以戏剧服装为主；队伍庞大，几十人甚至上百人一同表演。从装束上

腰鼓声声

即可判断人物角色，如《西游记》中的唐僧、孙悟空、猪八戒和沙僧，《白蛇传》中的白娘子、许仙，还有包拯、陈世美、秦香莲等。伴奏乐器主要有锣、鼓、镲、唢呐。

进入新世纪，多伦县的社火文艺在传统表演形式的基础上重展新姿，新的表演形式不断出现：广场舞与民间秧歌的结合、晋剧表演的广场化、花灯展示等。

秧歌

山西会馆的晋剧

会馆是聚会唱戏及进行各种庆典活动的场所,多伦的山西会馆是由同乡人组建的,里面最豪华的建筑物就是戏台,看戏的广场可容纳几千人。会馆每年都定期从山西请来名伶演唱几次"商会戏",一方面邀请同在异乡的商帮乡俚共赏家乡戏、同唱家乡音,一方面也联络感情,增进友谊,沟通商贸信息,解决一些商务纠纷。每逢节日庆典,多伦山西会馆锣鼓齐鸣,甚是热闹。

在地方戏曲中,山西梆子兴盛于乾隆时期,其地方色彩浓郁。落脚在多伦的晋商,独在异乡为异客,最易触动思乡思亲的强烈情感,对于乡音乡白的山西梆子,也最有亲切感和认同感。这里的戏迷很多,对演员的唱腔和乐队的锣鼓点要求很高。会馆附近居住的山西籍人,并不是每次都到会馆的戏台前看戏,而是在自己家炕头上听戏,如果听到唱腔不济或锣鼓点不准就会到会馆来与班主理论一番。所以,水平不好的戏班根本就不敢在多伦唱戏。会馆从千里迢迢的山西老家请名班名伶演戏,必然要给予他们一笔数目可观的酬金。这笔费用出自多伦城的各家晋商,常用的办法是从商家摊派,但大多是通过"罚款"获得。行会会规中违规惩罚必不可少,其办法大体为罚买供神品、罚钱交会馆戏费、驱逐出会、告官治罪。所以,请名班名伶唱戏的费用也就解决了。

会馆里所演的剧目大多表现历史故事、英雄传奇和商人生活,思乡思亲的剧目流行、常演不衰。晋商以诚实守信为商业精神,"挟仗

山西会馆戏楼

山西会馆晋剧演出

义而经商"是他们的优良品质。因此，晋商非常崇尚山西老乡、忠义信勇的典范关云长。所以以关公故事为内容的中路梆子戏，格外受到晋商

们的追捧，《桃园三结义》《单刀赴会》《过五关斩六将》《古城会兄》《关公斩子》等剧目，至今久演不衰。

晋剧反映了晋商的艰辛生活和

照顾妻室，常常出现家庭矛盾，酿成家庭悲剧，如晋剧《玉堂春》。该剧讲述了洪洞皮货商沈洪的人生悲剧。剧中沈洪常年在口外做生意，家中妻子皮氏却与邻人赵昂私通。沈洪带小妾苏三回洪洞后，皮氏与赵昂欲害苏三，不料沈洪误服毒药致死，苏三被冤入狱。后经太原巡抚三堂会审，苏三平冤，皮氏伏法。虽然冤情大白，但最终沈洪还是家破人亡，酿成人生悲剧。晋剧《三滴血》说的是山西商人周仁瑞的故事。周仁瑞在陕西经商娶妻生子，后来生意亏本，妻子夭亡，周仁瑞便携子归家。其胞弟怀疑周仁瑞收养他人之子谋占家产，便将其上告官府。县官愚昧昏庸，以荒谬的滴血认亲之法进行亲子鉴定，结果拆散了亲生父子。

在交通不便的明清时代，晋人外出经商，经常要遭受跋山涉水之险、谋财害命之祸。晋剧舞台上这些题材的剧目深受晋商欢迎。《秋江恨》说的是茶商杨掌柜带重金外出贩茶，在船上被贼人推入江中抢走财物的悲剧故事。这些剧目展现的一幅幅触目惊心的画面，强烈地震撼着商人们的心灵，往往看得荡气回肠、泪流满面。

晋剧的特点是旋律婉转、流畅，曲调优美、圆润、亲切，道白清晰，

精神世界。晋商热爱晋剧，除了晋剧自身的艺术魅力外，还在于晋剧剧目真实反映了商人的生活和人生追求。如商人们常年在外，顾不上

山西会馆看晋剧的小观众

具有晋中地区浓郁的乡土气息和独特风格。各个班社尽展新招，各门艺人也在唱、做、念、打等特技表演方面各领风骚。在多伦常演的剧目还有《打金枝》《临潼山》《乾坤带》《沙陀国》《战宛城》《白水滩》《金水桥》《火焰驹》《梵王宫》《双锁山》《凤仪亭》《金沙滩》《上天台》《白蛇传》等。

晋剧是晋商休闲自娱的快乐憩园。除有实力的晋商大贾每年定期请家乡戏来会馆演出外，一般小商小铺则以自拉自唱家乡戏为最大乐趣。从小听着梆子腔长大的晋商们，

从掌柜、账房到伙计，几乎都能哼哼几句家乡戏，以会吹拉弹唱为荣。晚上商店关门，大家没事干，就在店铺敲敲打打、吼几句戏文，休闲取乐。在晋商云集的多伦尤其如此，呈现一派"笙歌盈街巷，梆腔满店铺"的热闹场景。

多伦回族风俗

受宗教信仰和生活习俗的影响，多伦地区的回族有集中居住和紧密团结的特点。虽然在语言文字和服装穿戴方面可以适应当地环境，但在宗教信仰、生活习俗和婚丧嫁娶等方面，始终恪守本民族的

准则与要求。

多伦的回族群众，在饮食上严格遵守《古兰经》的规定。伊斯兰教禁止穆斯林吸烟酗酒，认为其对身体有害无益，因此回族人家从不用烟酒招待客人。他们非常讲究卫生，水井水缸都要加盖防尘，自用餐具不允许其他人使用，也不用别人的餐具吃饭，出门在外也要去有清真标志的饭店用餐。在穿着上明显带有本民族风格，颜色以白、绿、黑为主，白色象征纯洁，绿色彰显活力，黑色表示庄重，整体上给人以素雅端庄的感觉。回族男人一般都头戴一顶白色圆顶礼拜帽；妇女衣着整洁朴素，不穿艳丽服装，不浓妆艳抹，更不披红挂彩。

在多伦，回族人家房屋的样式与汉族区别不大，只是在装饰和家里的摆设上明显体现出本民族的特色。穆斯林只信仰真主安拉，反对偶像崇拜，因此回族人家的房屋内外以及清真寺里，只有雕刻或者描绘花草的图案和赞美安拉的阿拉伯文装饰。

多伦的回族和其他民族的穆斯林一样非常注重每星期五的"主麻日"和每年的两大传统节日开斋节、古尔邦节。开斋节，是穆斯林封斋一个月后庆祝斋功完成的日子。斋月期间，穆斯林在日出之后和日落以前不吃不喝，目的是磨炼身体和意志，体验穷人疾苦，培养吃苦耐劳的精神和宽厚仁爱之心。开斋节

礼拜中的回族群众

这一天，穆斯林汇聚在清真寺里，举行隆重的会礼和团拜，各家都备有美味佳肴，宴请宾朋，互相赠送礼品。伊斯兰教历12月10日是古尔邦节，此日要举行会礼。节日内容以宰牲为主，感恩真主对人类的慈惠。这一天，穆斯林要齐聚清真寺，聆听和吟诵《古兰经》，赞美先知穆罕默德的崇高美德。

回族的婚礼严格按照伊斯兰教的教规进行。在婚礼的当日或前一日，新娘在父亲、舅舅、叔叔等人的陪同下，随阿訇到新郎家，举行写依扎布（证婚）仪式，即回族婚礼的宗教证婚仪式。参加这个仪式的还有两三名证婚人。新郎和新娘向阿訇问候平安后，跪在阿訇面前，聆听阿訇讲解伊斯兰教婚姻制度及宗教常识。接着阿訇要向新郎和新娘考问清真言（伊斯兰教的基本信仰），新郎和新娘用准确的阿拉伯语念诵后，阿訇便将面前摆放的红枣、花生、糖、核桃等连续三次抛向新郎及贺喜的人们，俗称"打新郎"。自此，这对新人就成为伊斯兰教认可的合法夫妻。之后，新郎家备扣碗宴席招待阿訇和亲友们。宴席不用烟酒招待客人，显得庄重而文雅。

在丧葬习俗上，历来倡导厚养薄葬，实行"葬必从俭，得土而安"

的丧葬风俗。亡人故去时，由亲人将其脸面扭向右边，以便下葬后，头北脚南可以面向圣地麦加。穆斯林认为"我们都来自安拉，也都要回归于安拉"，因此把死亡叫做"归真"。按着伊斯兰教规定，亡故的穆斯林出葬前要沐浴全身，由阿訇带领众人为亡者举行诵经殡礼，然后抬向回民公墓下葬。多伦的回族一般是午葬。

多伦的回族十分关爱弱者，乐善好施。凡是比较富有的商人都会自觉自愿地捐助和施舍本族中那些贫困的人、无依无靠的人、家有危难和流落外乡的人。即便对其他民族的乞讨者，也尽力接济。特别是到了每年的斋月期间，回族的施舍和接济更显得大方。穆斯林认为，真主安拉时刻在观望着每个穆斯林的言行。

多伦由于特殊的历史渊源，成为一个多民族聚居的地区，这里的回族和汉、蒙古、满等民族长期相处，礼尚往来，感情深厚，他们的宗教信仰一直得到其他民族的理解和尊重，他们的生活习俗也一直得到其他民族的推崇和赞赏。在历史上，多伦很少有因为各族人民之间的宗教信仰和生活习俗不同而出现隔阂的事情发生，是内蒙古地区典型的民族团结和睦的城市。

名优特产

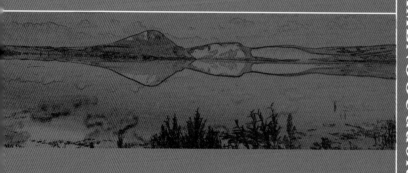

HUASHUONEIMENGGUduolunxian

名 优 特 产

MINGYOUTECHAN

色泽丰富的多伦玛瑙、"蒙古式"铜佛像制作、工艺精湛的蒙古马鞍、色香味俱全的喇嘛庙提浆月饼，深受人们的欢迎和喜爱。

多伦玛瑙

玛瑙是一种古老的玉石，是美丽、吉祥、富贵的象征，因其兼具瑰丽、坚硬、稀有三大特征，荣膺"玉石"桂冠。在东方，玛瑙是佛教七宝之一，被视为辟邪祈福的护身符。在西方，玛瑙是《旧约圣经》中记载的"火之石"之一，而在西方魔法里，玛瑙也被认为是可达成愿望的神奇玉石。在矿物学中，它属于

红黄玛瑙雕白菜

玛瑙雕葡萄

玉髓类，是具有不同颜色且呈环带状分布的石髓，通常是由二氧化硅的胶体沿岩石的空洞或空隙的周壁向中心逐渐充填形成同心层状或平行层状块体，一般为半透明到不透明，硬度6.5度至7度。玛瑙以其色彩丰富、美丽多姿而被当做宝石或制成工艺制品，也被用来制作精密仪器的轴承及玛瑙研体、玛瑙乳钵等工业用品。

多伦玛瑙，色泽丰富，纹理瑰丽，品种齐全，水胆玛瑙犹为珍贵。多伦县的水泉村曾发现了大量的新石器时期玛瑙石针、削刮器等人类早期工具。2015年发现的多伦小王

多伦玛瑙（一）

力沟辽代贵妃墓也出土了制作精美、光滑细腻的玛瑙罐和玛瑙柄龙纹银鎏金短剑。多伦玛瑙单从颜色上看，有红、蓝、紫、绿、黑、白、黄等颜色，有的色彩很丰富，可谓色彩斑斓。

红玛瑙中，朱红玛瑙呈半透明状，光泽明艳，手感温润，原石较小，适合雕琢小物件；红黄玛瑙色彩亮丽，透润而冰，原石较大，可雕琢较大器物，属玛瑙中极品；血红玛瑙，色泽犹如鲜血凝结，红艳透润，带有裂痕，富有动感，属玛瑙珍品；红黄青混色玛瑙，其红色如血丝、黄色如油，温润剔透，原石较大，最适合雕琢大型器物，当属玛瑙上品。蓝玛瑙为青蓝色，犹如宝石，在多伦发现很少。紫玛瑙在多伦出产较多，冰紫玛瑙成矿量比较大，透明度较高，色泽明艳；黑紫玛瑙成矿量大，体积大，透明度不高，色彩深沉油润；葡萄紫玛瑙和红紫玛瑙成矿量较大，透光性好，色彩如紫冰或紫霞；紫绿玛瑙和紫黄绿玛瑙，外包绿色及酱绿色，俗称西瓜玛瑙，整体透光性较好，油润，高光照射显浅紫色，成矿量较大。白玛瑙在多伦产量较大，以白色调为主，有温润的灰白玛瑙、通透的飘冰玛瑙、通透明艳的白玉玛瑙和整体通透的蛋白玛瑙。多彩玛瑙属于颜色复合型玛瑙，以红为底色，

117

多伦玛瑙（二）

深处为绛色，浅处为紫、黄、绿的五彩玛瑙，成器度高，为玛瑙中的珍品。

多伦的玛瑙工艺品厂采用先进的工艺精心设计加工生产的玛瑙炉、瓶、熏、酒茶具、文房用品、佛像、棋类、动物、花鸟、水胆玛瑙雕刻摆件，腰带、镯戒、项链等各种佩挂件，是集鉴赏收藏、实用保健为一体的艺术珍品。

多伦铜佛

清代漠南蒙古佛像制作地有归化、多伦和张家口等,其中多伦的名气最大,工艺技术亦优于其他两地。漠南蒙古高僧也普遍认为多伦的造像甚至比北京和库伦制作的造像还要精良。匈牙利学者卢米尔·吉斯在他的论著中谈道:"最著名的制作青铜神像的中心有拉萨、扎什伦布和内蒙古的多伦诺尔。这些传世的青铜神像就是从这些地方运到西藏的。"

其实多伦汇宗寺的佛像和法器供品最初都是在北京制作的。后来内地来的工匠开始在多伦设立小手工作坊,加工和销售小型铜佛像、法器、供器以及蒙古人需要的首饰、生活用具等。善因寺的兴建,以及多伦城内许多寺庙的兴建,对铜佛像及法器的需求量越来越大,铜佛制造业随之发展起来。由于汇宗寺和善因寺是康熙、雍正两位皇帝亲自创建的寺庙,对铜佛像制品的工艺和质量要求很高,对制作技术和工艺水平提出较高要求。到了雍正、乾隆年间,由于清廷的鼓励,蒙古各地大兴土木之工,纷纷创建庙宇,安置佛像,推动多伦的佛像制造行业不断发展。多伦逐渐发展成为具有鲜明地方特色的加工制造铜佛像、法器供品、金银首饰的手工业基地。

多伦制作的铜佛像,大到十几

多伦铜佛(一)

多伦铜佛（二）

米小到小拇指般大小，均工艺精湛、装饰华丽、花纹细腻，其工艺之复杂、材料之昂贵，是内地佛教造像所望尘莫及的。雍正末年，二世章嘉活佛若必多吉执掌多伦两庙以后，在多伦开办造办处，请西蕃学总理工布查布把从藏文译为汉文的《造像量度经》及其《续补》作为佛像制作标准，使其成为造像工具书。直到现在，这两部著作仍然是研究藏传佛教造像艺术的重要典籍。在二世章嘉活佛若必多吉的努力下，精通"梵式"造像的山西应县等地的汉族工匠来到多伦，他们与蒙古族画工相互学习、交流技艺，形成

了具有地方民族特色的"蒙古式"造像艺术。"蒙古式"造像与青海、西藏的"西藏式"造像有所不同，其主要特点是：造像的面部宽大，鼻梁较低，眉细眼长，体态雄健，与蒙古草原上生活的人们有外形和精神上的一致性。而"西藏式"的佛像造像受印度、尼泊尔的影响，其面部较小，鼻梁较高，眉细眼大，更具神秘宗教气息。多伦造办处制作的佛像造型优美、工艺精湛、装饰繁复，蜚声大漠，得到人们极高的称赞。"这些佛像、法器、首饰等，做工精致细微，深受蒙古族牧民和寺庙僧侣的欢迎，甚至王公贵族和

清廷统治者装饰宝殿、府邸亦喜用此物。"

1842年，法国传教士古伯察来到多伦，在其著作《鞑靼西藏旅行记》中描述："出自多伦诺尔大铸造厂的那些钢铁和青铜的漂亮铸像不仅仅在整个鞑靼（蒙古）地区，而且在西藏最偏僻的地区都具有赫赫的名望。它那庞大的铸厂向已皈依佛门信仰的所有地区寄去佛像、钟和各种在佛教礼仪中使用的法器。那些小雕像都是用一整块材料制成的。"古伯察在多伦停留期间，"亲眼看到一支确实很大的队伍出发前往西藏。他们负责护送的唯一的一尊佛像，共有88头骆驼

多伦造像（一）

拆散驮载，其中一根佛像的手指就用了一个大箱子装运。因为乌珠穆沁旗的王爷前往拉萨朝圣，要去见达赖喇嘛。"19 世纪末，俄国人波兹德涅耶夫在多伦诺尔考察期间了解到："多伦集中了不少作坊，在钟楼后街的街尾则是多伦诺尔的几家铜匠铺，同时也是最主要的几家制作佛像的铺子。多伦诺尔的佛像从丘克中国之行以来就已在欧洲人中享有盛名。据说制作佛像的作坊共 7 家，营业的有 6 家，其中阿尤希铜匠铺，是多伦诺尔最早的、也是最有名气的，其他有海桑岱、裕和永、翁楚克诺姆图、巴彦台、呼钦诺姆图等铜匠铺。波兹德涅耶夫通过寺庙询问多伦诺尔铜佛制作的优点，那些博学和熟读经书的喇嘛

们告诉他，多伦诺尔的佛像比北京和蒙古其他地方出的佛像都要好，佛像的尺寸准确、贴金艺术水平高是其最大的特点。"光绪二十七年（1901 年），驻京八大呼图克图之一的五世贡唐·丹贝尼玛呼图克图到多伦巡回讲经时，出资在多伦建造了专门制作八大菩萨的作坊，以供拉卜楞寺使用。日本学者鸟居龙藏于 1908 年在多伦考察时也曾看到："多伦的商店主要贩卖喇嘛及蒙古人所喜爱的佛像和其他用品，特别是制造铜佛像最为发达，有的大店铺开设专门的制造工场。作为北京以外的喇嘛佛像制造地，应该说要数多伦诺尔和库伦最发达。"1932年，一位叫杨溥的民国政府官员考察了多伦的各大铜铺后，在其《察

20 世纪 30 年代多伦制作的铜佛像

多伦造像（二）

哈尔口北六县调查记》中叙述："佛像为此邑名产，大至旬丈，小至盈寸，均能范铜铸造。余历观数厂，存像均甚多，仪容微妙，衣挺劲古致，极有美术价值。"

历史记载是符合实际情况的，北京的雍和宫、山西的五台山、承德的外八庙、青海的塔尔寺，都有多伦工匠精心制作的铜佛像。从内蒙古各地的喇嘛的口述及召庙中多伦产的各种佛像等，都可以说明这一点。多伦城隍庙门前的两个大铜狮子即为本地的铜铺制作，铜狮子形体逼真、色泽光亮、精雕细刻，属铜制精品。包头五当召的弥勒佛和释迦牟尼像以及铜法轮、鎏金铜鹿、莲花铜塔等都是多伦工匠的杰作。特别是雄踞五当召大殿内的弥

123

勒大铜佛像，高达十米，全部为黄铜分铸焊接而成。召内有一多伦制作的铜城，制作精细，比例适中，图案装饰玲珑剔透，充分显示出古代匠师们的精湛工艺。一些精通佛像制作的老喇嘛介绍，塔尔寺有将近一半的铜佛像是在多伦制作的，塔尔寺一直沿用至今的失蜡法铜佛制作工艺就是在清朝中后期从多伦传入的。

民国初年，多伦的铜佛制作工艺更是炉火纯青。多伦的"裕和永"铜铺最初本钱很少，只有两个工匠，一面做铜活，一面也卖些杂货，后来生意越做越大，到1921年的时候，这个铜铺竟发展到500多人的规模，所制铜货远销到西藏青海和漠北蒙古地区。有一次，铜铺承揽了西藏寺庙的一尊铜佛，由300多名工匠做了三年才完成。装运时，一个耳朵要分装好几个大木箱，一根手指也要装一个大木箱。1942年，多伦"大成玉"铜铺为呼伦贝尔巴尔虎旗的甘珠尔庙铸成蒙古地区最大的一座"时轮金刚城"，这项工程从光绪三十二年（1906年）开始动工，历经36年才告完工。

在北京保利拍卖行2016春季拍卖会上，一尊清代雍正年多伦诺尔造办处制作的铜鎏金绿度母坐像，重125.9千克、高98厘米，成交价为3750万元。这尊绿度母像，从躯体上看，修长高挑，脖颈细长，体态优美，胸部的双乳浑圆坚挺（明显取材于现实中蒙古少女的身材）；从五官上看，面形长圆，双颊鼓起，高鼻小嘴，鼻翼外张，下颌宽平，嘴部窝陷（也明显是蒙古族女性面部特征的真实写照）；从发式上看，头部的五花瓣十分高大，发髻为双丫髻形式，高高立于头顶（是当时蒙古族少女的发型）；从装饰上看，胸前的璎珞、长链以及臂钏、手镯和足钏的形制十分繁复，长链从双乳外侧绕过后垂下（是当时蒙古族女性特有的装饰风格）。全身的装饰中镶嵌有各种宝石，即使如叶状耳环的边缘和发际线下面的流苏这些极其微小的地方也不惜工本、精心装饰，体现了蒙古造像传统的装饰风格，更展现了漠南蒙古擅长的金工工艺。此外，度母僧裙上錾刻有梅花形花纹均匀地散布于大腿部位，这也是蒙古造像习惯的装饰细节。

多伦制作的佛像有铜、铁、金、银等不同材质，其中较多的是铜质佛像，制作工艺有失蜡浇铸和锤撲两种。

失蜡浇铸佛技艺最早为山西侯马地区的牛村工艺，后来在山西应县等地广泛应用，清代康熙后期传到多伦。多伦的"蒙古式"铜佛像制造，根据佛像的尺寸大小，分别

清代多伦造像（一）

采用"失蜡铸造法"和"分块失蜡
铸造法"制作。制作小尺寸的佛像
一般采用"失蜡法"进行制造。所
谓"失蜡铸造法"也叫"拨蜡法"或"剥
蜡法"，简单地说就是在铸造佛像
用的泥芯上做一个蜡制的原型，然
后在蜡制的塑像原型上涂上泥料，
加热烘烤蜡质，最后在剩下的里边
的泥芯型的泥范空间中，注入铜溶
液，待溶液冷凝之后，去掉泥范，
一个青铜佛像就铸成了。具体做法，
分成十一个步骤。第一步为制泥芯。

用六个打制圆钢筋或三根铅丝扎成骨架，挂泥料塑成型芯，内芯泥料多为炭末泥与三合土混合。第二步贴蜡片，又称"捏蜡"。第三步，用硬木做的"压子"拨塑各个细部，如五官、衣纹等。第四步，焊修附饰物，如背光、衣带等附饰，用手捏出大形，黏附后再细刻。第五步，烫焊浇注冒口系统，大、中型铸件加芯撑，芯撑多为手工铁打四棱方钉或扁铜钉，小型佛像不加撑。第六步，内层挂约5毫米厚的稠粥状炭末细泥，由经过箩筛的炭末、细砂、黏土组成。第七步，贴外层背料，俗称"糙泥"。泥料有马粪泥和纸浆泥，马粪泥由干马粪搓碎过筛与黏土加水拌成，纸浆泥由黏土加炉灰末、纸浆、水捣拌而成。第八步，阴干后加热脱蜡，焙烧。第九步，埋包浇注。第十步，打碎内外范模。第十一步，毛坯经锉、磨、錾刻纹饰，用椴木炭将锉划痕磨抛光，再鎏金或涂泥金、贴金。

失蜡法制作工艺所用的泥范是一次性的，基本上是一尊佛像一个造型，所以即便是寺庙中或牧民家中供奉的小型佛像也都是原作。

高达数米的巨大佛像的铸造就必须采用"分块失蜡铸造法"，先分块失蜡铸造，然后拼接。在拼接过程中，焊接是必不可少的工艺。

焊接就是在制作过程中用热加工的方法将佛像的局部连接在主体上。小型铜佛像用范块组合一次铸成，比较巨大的佛像采用分铸法，即将部件或局部先铸出，待主体铸成后，将部件或局部焊接上去。焊接方法的应用，一方面方便了铸造过程，另一方面也丰富了佛像的造型艺术效果。

锤鍱法，俗称打胎，也是多伦铜铺拿手的造像技艺，远近闻名。用锤鍱法制作的佛像胎体轻薄，装饰繁复，更适合于大型佛像的制作。由于这种技艺节省材料，造价比失蜡法低，能够满足大漠南北众多经济条件一般的寺庙殿堂供奉所需，其市场潜力更大。

在居住在钟楼街的八十岁的吴凤生老人的记忆里，家门口就有几家制作铜像的铺子，从出生到长大他一直是在铜铺的敲打声中度过的。吴凤生回忆，铜铺几乎每天都用牛车运进厚厚的铜板，有黄铜的，有红铜的；作坊里工匠们根据所做佛像各个部位的大小，将铜板截成相应的大小，放在铁砧子上，再用大大小小的锤子敲打起来。一把锤，一块铜板，一双熟惯的手，投入全部心神，经过数十万次锤鍱，佛头、佛身、佛脚、莲花座以及各种装饰纹路在敲打声中慢慢显现出来。然后再经过锉、磨、錾刻、铆接，一尊小型佛像或大佛像的部件即敲打成功。后续的鎏金着色，则由技艺高超的工匠仔细琢磨。

对于大型佛像的制作，无论是用分块失蜡铸造法还是锤揲法，最终都需要焊接。当时的运输工具大多是牛车和骆驼，大型佛像的拼装和焊接工序只能到佛像供奉的寺庙里进行，所以多伦的工匠要随运送佛像的人员一同前往供奉佛像的寺庙完成后续工作。按多伦铜铺的规

清代多伦造像（二）

矩，到西藏、青海等路途比较远的地区焊接佛像的工作，一般都由年长的人承担。

在各种造像中，寺庙法器同样也有不同的象征意义。金刚杵、铃表示方便与智慧，也代表阳阴两性；五佛冠象征佛法的五智；法轮象征佛法的流传；手持的各种武器则代表除魔怨障碍之意；跳查玛舞的演员戴的形形色色、奇异怪诞的面具，也都具有宗教意义。这些法器、面具等有的是用木雕刻制作的，但在多伦则完全是用铜制作的。铜制的法器和面具，做工精致，鎏金流畅，也是较为珍贵的艺术品。

多伦铜铺的工匠们还制作了不少适合游牧生活需要的铜器用品，适用、美观而不易损坏是其显著的特点。在现实生活中经常见到的有

清代汇宗寺款铜茶桶

铜锅、铜壶、鞍花、马蹬、铜铃、奶桶等等。这些器物都是手工制作的，通过对铜器进行板打、錾刻等工艺，制成了极为精巧的富有装饰性的民间工艺品。特别是用于烹饪食物的铜器，具有实用和观赏两种功能。用铜壶熬出的奶茶、用铜锅煮出的肉，色香味美，因此深受广大牧民的欢迎和喜爱。

多伦马鞍

蒙古民族是马背民族，无论男女长幼，均善于骑马。马是草原上重要的交通工具。多伦作为清代早期兴起的草原城市，其制作的马鞍选材讲究、造型美观、坚固耐用、乘坐舒适，曾闻名于蒙古草原。

根据不同地区的需要，多伦制作的马鞍有新疆哈萨克式、青海四平式、方头元宝式、三元式、乌珠穆沁式，但不管哪种式样，裸鞍的制作工艺和工序基本差不多。在多伦，制作裸鞍也叫砍鞍子。制作裸鞍常用的工具有锛子、锉、刮刀、凿子、夹子、木槌等，以砍制工具锛子为主要工具。锛子又分指甲锛子、槽锛子、平锛子三种。锉类又分琵琶锉、板儿锉、光锉、柳叶锉四种，主要用于净鞍子的后期修整。用于净鞍子抛光的刮刀、打孔的圆凿子、抠装饰凹槽的起线凿子等也是必不可少的工具。这些专用工具，

裸鞍

都是由多伦的铁匠打制而成。

　　裸鞍的制作工序包括备材料、堭材料、黏合及钏材料、净鞍子等。一副好的马鞍，首先要有一个好的"裸鞍"，也就是"白茬鞍"，由两块鞍板、两块鞍鞒共四块木材构成。白茬鞍的原料一般多用桦木，桦木质地细密，做成的白茬鞍上漆后表面光润，而且使用的时间越长越光滑。过去一些蒙古贵族也有用黄花梨或紫檀木等稀有木材制作马鞍的。桦木砍倒以后，一般要干燥三四个月才能使用。一副马鞍的四大块材料中，两块凸形的分别叫左鞍板和右鞍板，两块马蹄形的分别叫前鞍鞒和后鞍鞒。鞍鞒选用大的桦树杈子为原料，因为树杈作为树木自身的节点更加结实。堭材料主

要是根据马鞍的式样，使用平锛子砍制出鞍鞒和鞍板的毛坯。前、后鞍鞒开扠的部位砍成平缓的马蹄形和所需要的弧度。黏合及钏材料是按着前劈口、后劈口和曼的尺寸用水胶将左、右鞍板进行粘接，俗称铆鞍梁子。晾晒完成后，把粘好的鞍梁顶部砍制平整。每块鞍板底部前挺后平，分为两个面以适合马匹背部形体结构。白茬鞍制作讲究"四挺十六平"，是指鞍板底面四个角要挺起来，防止鞍板摩擦马背，上面十六个角要平直。净鞍子这一工序注重精修细整，用指甲盖锛子把鞍板有棱角的地方砍成圆弧形，用刮刀把木鞍子有弧度的地方仔细刮平整，然后用木锉和砂纸仔细打磨，如此反复刮、刨、锉、磨，使得各

多伦马鞍

个部位变得光滑。老工匠视马的形体当场制作并试用，试用时在马背垫一张麻纸，鞴鞍乘骑四五里地而麻纸依然完好，裸鞍才算合格。

蒙古马鞍的制作，是木工、皮毛、金属甚至刺绣等多种工艺的综合。用各种各样的手锛子和木锉做出裸鞍雏形以后，在前、后鞍鞒和鞍板、鞍座相接的地方，前面打8个眼，后面打10个眼。每两个眼里，灌进一道湿牛皮钉，等到湿皮钉一干，就把它们硬绷绷箍成一个整体。后面之所以要多打两个眼，是因为后鞍鞒下面承受着人们臀部的压力，比较吃紧。左、右鞍板的前后，还要各打4个眼，用来穿缀捎绳。左、右鞍板前面各打一个方形大眼，用来穿缀马镫。后面鞍板左、右各打一个眼，里面穿出绳环。油漆是制作裸鞍的最后一道工艺。接

下来的工序就是包裹裸鞍，下面要衬上屉子、左右加大鞯小鞯、前后穿上捎绳，才能成为一副完整的马鞍。大鞯是香牛皮做的，上面有轧出来的各种民族图案，呈大马蹄形，上端用捎绳挽个疙瘩，固定在鞍板前后两个地方，不用另外打眼。挽疙瘩的地方若嫌不雅观，上面再罩上一个银鞍花。马镫由镫绳和镫盘组成，镫绳穿在前鞍鞒后面、鞍板前面的孔里，样子很像人们的裤带，一端有带卡子，一端有窟窿眼，可以根据骑手腿的长度进行调整。为了防止镫绳磨着人腿，要用一小片香牛皮或者栽绒把它盖上，称之为小鞯或者夹垫。小鞯要用两个银泡钉固定在底座上的栽绒下面。小鞯上也有图案，或刺绣或轧成。马鞍的下面，靠着马背，一定要备两层毡子，一软一硬，称之为鞍屉，鞍屉有保护马背的作用。下面的软屉，不装饰。上面的硬屉，要纳出各种好看的花纹。

多伦马鞍制作工艺精良，以不裂不散、坚固耐用著称，深受牧民和各地客商喜爱。

据历史资料记载，清代中期多伦马鞍制造作坊有50余家，1929年多伦县城内有鞍子铺23家。2009年，多伦马鞍制作工艺被列入内蒙古自治区非物质文化遗产名录。

喇嘛庙提浆月饼

多伦城在清代被人们称为"喇嘛庙"，多伦烘炉糕点铺制作的提浆月饼被称为"喇嘛庙提浆月饼"，享誉大漠南北。清末时，多伦的清真糕点铺有三十多家，比较著名的有三盛魁、崇茂涌、玉隆元、福泰魁、源盛昌等。仅崇茂涌一家，每年中秋节制做的月饼就有二三万斤。

多伦提浆月饼制作精细，工艺老道，选料精良，皮薄馅大，口感独特，营养丰富，便于携带、运输和贮存，是款待客人、馈赠亲友、过节祝寿的上等食品。所谓提浆，提的是糖浆，只用简单的面粉、糖浆、麻油等调和而成。提浆是月饼成败的关键，直接影响到月饼表皮的颜色，太浓表皮会焦黑，太稀面皮不容易着色。提浆工艺的具体做法是：将红冰糖块入锅温火融化成浆液后，用勺子不停地翻扬，使水分充分散发，以提高浆液的纯度，然后将制作好的浆液盛入罐中密封存放，使用时再配以适量的小磨香油和面做皮。月饼馅是用青红丝、玫瑰、果仁、果脯、红糖、白糖等料精心配制的，包好后放入模具压制成形，再放入炉中烘烤。出炉冷却后，浆液凝结形成较为坚实的饼皮，不易破损掉渣，既保持了月饼完美的外形，又保护了月饼馅的新鲜，不至于发霉变质，即使隔年存放，食用前只需在火上略加烘烤，仍然香脆如初。

多伦月饼模具基本上是固定的，代表的是喇嘛庙月饼的品牌，最常用的是"嫦娥奔月""龙凤呈祥""双喜""娃娃"等。八月十五赠送亲友用"嫦娥奔月"图案的月饼，送小孩用"娃娃"图案的月饼，姑娘出嫁则双数陪送"龙凤呈祥""双喜"图案的月饼，以示祝福。

红皮月饼，也称高红月饼，以油面为皮，以熟面、胡麻油、白糖、青红丝、桃仁、果脯、枣泥等原料为馅。成品呈圆鼓状，面印红色戳记，表皮酥松，甜香不腻，松润可口，也是喇嘛庙月饼的一大品牌。

滦源古酒

多伦县有悠久的酿酒历史，酿酒业始于元朝，兴盛于清朝。早在元朝，诗人马祖常有诗赞为："滦源美酒斗十千，下马饮者不计钱。"优质甘甜的滦河水为酿酒业提供了得天独厚的自然条件，孕育了滦源古酒源远流长的酿造历史。康熙中期，多伦城就有了黄酒酿造作坊，年产黄酒上万斤。黄酒在当地被称为"达拉松"，是一种经发酵制成的酒。清末，多伦城的酿酒作坊有几十家，大多是由粮食店铺经营，著名的有十家，号称"十大烧锅"，其中较大的酿酒作坊有"聚锦店""义

潭源古酒

和店""天源店"等,年产白酒上万斤。到1929年,多伦城还有五家"烧锅"。

多伦酒厂于1958年组建,后来进行提升改造,成立了内蒙古滦源酒业有限责任公司,取滦河源头之水,承袭古老酿造之精华,以现代科学技术为指导,选用优质高粱为原料,酿造具有地方特色的纯粮白酒。二十世纪八九十年代生产的浓香型"七星潭老窖"酒,于1989年获内蒙古自治区优质产品奖,于1991年获内蒙古自治区一轻产品质量大赛特等奖,于1993年荣获"日本东京国际酒类饮料博览会"银质奖。

滦源酒业酿造的"潭源古酒",清香纯正、醇和味原,饮后有余香,是典型的清香型白酒。滦源酒业还获得内蒙古老字号品牌企业的称号,成为多伦县代表性企业之一,品牌市场占有率逐年上升,消费者满意度逐年提高。

生产车间

特色风光

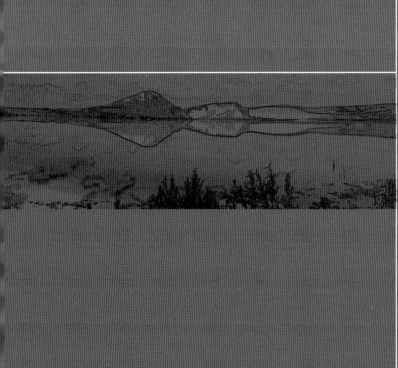

HUASHUONEIMENGGUduolunxian

特色风光

TESEFENGGUANG

滦河岸边优美的风光，秀美的多伦湖、姑娘湖，令游人流连忘返；气势恢宏的藏传佛教寺庙、商人会馆，展现着多伦历史文化的特有魅力。

多伦环与火山地貌

如果你有幸登上宇宙飞船，在浩瀚的太空俯瞰我们人类生活的地球时，你可能就会拍摄到我国北方一个漂亮的环形水系，这个"环形水系"是由闪电河及滦河形成的，

多伦环

地质学家把它称作"多伦环"。科学家认为，这一奇特的地形奇观是天外来客——陨石所致。

1986年，国家地质部地质学家吴思本教授等根据卫星照片提供的线索，到多伦境地进行了实地考察，最后证实这个"环形水系"原是一个巨大的陨石爆炸坑，成坑时代在侏罗纪与白垩纪之间，距今约1.4亿年。这个石坑是我国已经发现的四个陨石坑中最大的一个，内环直径为70公里，外环直径达150公里。它也是世界第二大陨石坑，规模仅次于俄罗斯的波皮盖陨石坑。从地形上看，多伦环南高北低、西高东低，沿着内环和外环的凹槽闪电河、黑风河、蛇皮河、吐力根河等四十多条河流汇入滦河，形成一个环形水系。闪电河依地势沿凹槽由南向北流淌，汇入由西北方向而来的黑风河和蛇皮河，再向东流淌，形成一个小半弧，称作滦河，至大河口又汇入自东北方向而来的吐力根河，再折向南，以此形成一个圆圈。

多伦县曾是火山活动频繁地带，有"火山博物馆"之称。这里有形态各异的火山地貌，还保留着火山口、火山熔岩、火山弹、火山锥、火山岩等。基于此，有人认为多伦环可能产生于中生代古火山活动。

多伦湖

多伦的名称源自蒙古语多伦诺尔。在忽必烈建元上都时期，上都附近的广阔地域有七个草原湖泊，便把这一地域称为"多伦诺尔"。据卓宏谋《蒙古鉴》载，这七个湖泊分别叫峒干诺尔、依克达汗诺尔、巴汗达诺尔、空儿鬼诺尔、巴彦诺尔、科布多诺尔和乌木克诺尔。几百年来，由于人口的增加、放牧过度、风沙侵蚀，七个湖泊逐渐消失，而作为地名的"多伦诺尔"则一直沿用至今。

1997年4月，多伦县举全县之力，在滦河上的西山湾开始建设水

天鹅嬉戏

利工程——西山湾水库。1999年9月，水库大坝合龙，水库蓄水，水面面积2万亩，库容达到1.1亿立方米。

巧合的是整个水面沿着地形和山势形成了七片相连的水面，宛如七个葫芦镶嵌在滦河主河道周围，因此

多伦湖

多伦湖沙岛

被命名为"多伦湖",并在此基础　　城乘车向东行驶十几分钟即可到达
上建了多伦湖景区。　　　　　　　景区。整个景区地域辽阔,草原广袤,

　　多伦湖景区距离多伦县城15公　水草丰美,环境幽静,既有一望无
里,是省道308线直通景区,从县　垠的草原风景,也有沼泽湿地的原

始之美。湖的四周被巍巍群山环抱，在高山、草原之间，构成了一幅山、湖、草原、湿地相映成趣的壮美风光和绮丽景色。景区有两个湖心岛、两个半岛、一个沙半岛。湖水洁净如玉，水鸟在湖中游艺嬉戏，大雁、天鹅、野鸭、鸥、鸻等在那里栖息和繁衍。

多伦湖漂流

多伦湖景区自然景观丰富多彩，四季气候变化分明。春季的多伦湖，冰雪消融，水绿如蓝，生机盎然；夏季的多伦湖，波光粼粼，轻舟荡漾；到了秋季，湖面烟波浩渺，湖岸层峦叠嶂，秀美神奇，2011年被《旅游休闲》杂志评为中国最美的两个秋景之一；冬季的多伦湖，湖面银光闪闪、冰清玉洁，湖岸银霜满地、玉树琼枝，一派北国风光。景区有北岸码头和过水凉亭区、半岛度假区、沙岛休闲区、发电机房参观区、原始榆树林休闲区五个区域，其中北岸码是游客乘船观库区景色的出发地。站在船边，整个库区秀美的风景尽收眼底。过水凉亭距北岸码头较近，水位较高时，凉亭的基座会被水淹没，成为水上凉亭；水位较低时，凉亭会整体显现，成为岛中亭。半岛度假区包括一个半岛

和一个距半岛500米的孤岛，这里湖水不深不浅，是游泳的好地方。西山湾景区内有大片的原始榆树林。景区的西岸是沙岛休闲区，有大片的沙丘，沙丘上还生长着榆、柳、

山杏等乔、灌木。此外，景区还可以进行极富挑战和刺激的水上漂流活动。发电机房在水坝下，年平均发电701万千瓦时。

多伦湖景区有许多的娱乐项目，主要有漂流、快艇、垂钓、游船、水上步行球等。特别是被誉为"滦河第一漂"的漂流活动，让人流连忘返。驾着无动力的小舟，在时而湍急时而平缓的水流中顺流而下，在与大自然抗争中演绎生命的精彩。天高水长，阳光普照，空气清新，水体纯净。漂流在青山绿水间，迎面而来的是一种刺激和惊险，在上下起伏的漂流中体验生命的律动，在亦静亦动的河溪中享受漂流的乐趣，在如山水画般的风景中品味诗意的人生，真可谓乐趣无穷。

近年来，多伦湖被赋予了更多的文化内涵和时代特色。多伦湖建起了一条依山傍湖的环湖路，全长40多公里，驱车环湖一周，多伦湖所有的美景都尽收眼底。在这条旅游公路上，多伦县已经成功举办了十届"环多伦湖公路自行车国际邀请赛"，吸引着来自世界各国的自行车爱好者和全国各大新闻媒体，已经成为国内小有名气的品牌赛事。随着赛事水平的不断提高和赛事影响力的不断扩大，环多伦湖公路自行车邀请赛已经成为当地宣传展示旅游资源、打造地方旅游品牌和发展群众体育文化活动的重要活动之一。

环多伦湖公路自行车赛

滦河源国家森林公园

20世纪70年代，700多万的天津市民极端缺乏生活用水，生活受到了极大困扰。1981年8月，党中央、国务院决定把滦河上游、河北省境内的潘家口和大黑汀两个水库的水引进天津市。1983年9月，天津市民打开自来水管，清澈的滦河水流进了千家万户，从此结束了天津市民喝咸水、苦水的历史。这就是当时轰动全国的民心工程——引滦入津工程。与此同时，作为滦河上游主要涵养地的内蒙古多伦县也开始为更多的人所关注。滦河源国家森林公园就位于多伦县城以东35公里的滦河两岸。

滦河源国家森林公园，在地理位置上处于燕山山脉、阴山山脉与大兴安岭余脉交汇之处，属于半干旱地区森林草原地带。公园地处滦河源头，受亿万年的地壳变迁与河水的冲洗，造就了高平台、草原、河流洼地的间隔分布形态，形成半环形盆地，低山和河漫滩草原呈现出天然混交林和草原的过渡景观。这里是一幅人与自然精心绘就的森林草原画卷：春天，峰岭鹅黄，山花万点；盛夏，草长莺飞，森林浓郁；金秋，霜崖秋山，层林尽染；隆冬，翠松掩映，玉琢冰雕。这里是一个集山泉、溪流、草原和天然林浑然一体的人间仙境。

公园内的历史文化和历史遗迹也是重要的财富。辽国建国之初，皇帝耶律阿保机在这里举行盛大的祭天仪式，为辽国的兴盛祈祷上天，《辽史》称为"拜日踅林"。至今这里还遗留着一处叫王子坟的辽代

滦河第一桥

滦河水

古墓葬，周长 500 多米，土丘下残缺不全的石马、石羊等祭祀标志依然保存着。民间传说这是辽代哈钦王子的墓葬。到了清朝，这里位于木兰围场的西南部。康熙二十年（1681 年），清政府设置木兰围场，划定七十二围，作为朝廷禁地，周围围着栅栏，驻围八旗营房官兵把守，外人不得随意出入。现在的滦河源森林公园就是当时木兰围场的西南围，是皇家猎杀鹿、狍子、黄羊和野猪以及训练清兵草原作战能力之地，至今当地百姓还保留着"西南围"的地名。西南围的驻防机构叫"红旗营房"。现在园区北部不远处的红旗营房村，就居住着当年守护西南围的满族官兵的后裔。至今村子里的老人还讲述着他们祖上

保护围内的生态环境、野生动物资源、严禁砍伐树木、严禁开荒垦殖的故事。

在滦河源国家森林公园，大部分植物属于蒙古—达乌里植物区系。同时，泛北极成分和东亚成分的植物也占相当比例，这表明境内植物区系具有地理成分的过渡性。海拔 1150 ~ 1400 米处，主要分布着天然白榆树林和疏林草地，杨树和柳树作为伴生树种点缀在榆树林和草地上。海拔 1400 ~ 1600 米处，以天然山杨和白桦林为主，伴生树种有黑桦、椴树、蒙古栎、云杉等，块状的人工华北落叶松林、油松林、樟子松林也分布在这一地域。两个垂直分布带的植被生长茂盛，其中山杏主要分布在较干旱的阳坡中部，

草原溪流

山梨主要分布在水分条件较好的沟谷坡麓中下部。林相景观丰富多彩，包括滦河沿岸榆树林景观、草原风光景区、滦河水景区、西山天然林保护区和东山山林景区五个部分，总面积19万亩。

水深不到 1 米，水量充沛，水流清澈。两岸生长着天然白榆林及疏林草地，树龄一般在 60～80 年，胸径 20～30 厘米，树高 10 米以上，冠幅一般 7 米左右，也不乏树龄百年和树干奇异的个体。林中地势平坦，水源充蕴，环境清静幽雅，面积 2000 余公顷，大概有 240 万株树木。中国林科院认为，白榆是世界广布树种，国内目前绝大部分是人工栽培，天然林呈较大面积自然集中分布已极少，像滦河源森林公园这种天然白榆集中连片分布，其面积之大、树龄之长、形态之异在国内甚至在亚洲都极为罕见。春天来临，椭圆锯齿状树叶初上，嫩绿嫩绿的在风中摇曳，一串串圆圆的榆钱儿，时常挑逗着游人，情不自禁地跳起脚，撸上一把塞在嘴里，甜甜的，嫩嫩的。夏秋之季，榆树林里郁郁葱葱，直立的树干支撑着伞状的树枝，像一顶顶绿蘑菇，微风过处泛起阵阵绿涛。冬季披霜挂雪，孤傲地挺立在蒙古草原上。白榆纹理美观直顺，年轮明显,呈波浪花形，多伦又地处寒冷的高原地带，使得木质更显光亮坚硬，特别适合做居家用具，因此经济价值比较高。

　　曲曲折折的滦河流程 20 余公里，由北向南纵贯公园，河道宽处有 100 多米，窄处只有 20 多米，

　　在公园西部的低山丘陵地带和东山，山杨和白桦树为主要树种，点缀在阳坡和沟壑之间的是山杏、

榆树林

山梨、山丁子、五角枫、虎榛子等　　树干洁白如玉、亭亭玉立,格外耀眼,
彩叶树种,面积5000多公顷。白桦　　山杨树交错依偎在白桦身旁,灌木

太极湾

与草本花卉在不同季节开放，树叶在不同季节变换不同颜色，形成了绚丽多彩的景观。与山杨和白桦不同，山梨、山丁子、五角枫等树种，颜色多样，林相丰富，林下植被茂密，植物种类繁多，景观更加别致。人工林也主要分布在这一地域，其中油松林浓荫覆地，充满古朴、幽深的意境；华北落叶松，树叶嫩绿清新，初春抽芽吐绿，深秋落叶冬眠，是针叶树种中唯一的落叶树种。高处眺望无际的绿色海洋，阵风吹过，形成宏伟壮观的松涛，令人叹为观止。沟壑连绵，泉水、溪流密布，是各种野生动物栖息繁衍的好地方。

草原面积占公园的三成，分布在滦河以东，以羊草、大针茅为建群种的典型草原为主，间有以羊草和无芒麦为建群种的草甸草原。草地或波状起伏，或平整舒坦，如绿色地毯铺展在滦河东部广阔的土地上。夏季是草原的黄金季节，这里天高云淡，能见度很高，天地之间，绿草茵茵，繁花似锦，芳香幽幽，一望无际。

作为滦河源头重要的水源涵养地，公园内河流、泉水十分丰富。除滦河以外，四处泉水形成的溪流小河藏匿在山弯林下，穿梭于沟壑底部，不仅增添了许多神秘色彩，也为滦河两岸形成大面积的滩涂湿地和茂密的森林草地提供了水源保障，由此成为野生动物极好的栖息生存繁衍的乐园。经初步调查，脊

椎动物有 134 种，其中哺乳动物 14 种、鸟类 99 种、爬行类 3 种、两栖类 3 种、鱼类 15 种。在哺乳动物中，鹿、狍子、黄羊、沙狐、獾子、野兔等十分常见，近几年随着生态环境的改善，狼也时常在这里出没。啮齿类动物主要有田鼠、松鼠等。在鸟类中，森林型鸟类有 50 多种，湿地型鸟类有 40 多种，主要是鹬鹬类、雁鸭类、鸥类、鹳类等。大型涉禽种类有蓑羽鹤、灰鹤、苍鹭等。大鸨、白天鹅等鸟类也逐年增加。有国家一级保护动物有大鸨和蒙古野驴二种，国家二级保护动物黄羊、白天鹅等 22 种。区内的滦河及支流的鱼类，以鲤科鱼类为主，鲫鱼、鲶鱼、嘎鱼、窜丁子、细鳞鱼、华子鱼等野生鱼种是这里的特产。其中细鳞鱼是国家二级保护水生野生动物。在这有限的地域集中着如此丰富的生物资源，可以称得上是森林草原自然博物馆。

除了生物资源，公园内的地形地貌及人文资源也是十分丰富的。从地质上看，这里曾经是火山喷发区，也是内蒙古地区重要的玛瑙石富集区。虽属低山丘陵，但也不乏奇山异峰、沟壑岩壁。西山天然林保护区的八郎阁山，海拔约 1500 米，形似一座金字塔，傲视林海和曲曲滦河，是园区中部较高的孤体山。

南部沟壑中的"一线天"，巨大的岩石开裂，形成宽不足一米、长几十米的廊道，行人走过，仰望天空，只能看到一条蓝蓝的亮光。

森林公园建立以来，开展了大量的森林防火、病虫害防治和天然次生林经营管理工作。"三北"防护林建设工程营造落叶松、油松 745 公顷；京津风沙源治理工程营造樟子松 130 公顷、榆树 68 公顷、山杏 55 公顷，封育 6000 公顷。2008 年，又在公园内建起占地 5000 亩的野生动物保护区，投放蒙古野驴、狍子、黄羊、梅花鹿等野生动物 200 多只，已繁殖超过了一倍。同时又建了一处野禽养殖园，养殖大雁、美洲雁 2000 多只，为滦河源国家森林公园增添了一道亮丽风景线。

大渡口

大渡口生态旅游区位于多伦县蔡木山自然保护区的北端、浑善达克沙地南缘，距县城 50 多公里，是典型草原、草甸草原和沙地结合部，也是草原向疏林的过渡区，这里生长有 35 万亩天然林。

大渡口景区的北部是连绵的沙地，南面是草原，东西是绵延几十公里的蛇皮河和天然林。独特的地形地貌和多样化的植被，为多种野生动物季节性栖息繁衍提供了自然条件。

大渡口

表面上看，这里是绵延起伏的沙地，进入谷中却有一条曲折蜿蜒的河流——蛇皮河，它是滦河上游的重要支流之一，大渡口就是涵养其水源和水质保护的重要地区之一。蛇皮河下切形成的深沟，长约25公里，这里森林茂密、溪流涓涓，两岸为茂密的绿色林带，自东向西延伸，被誉为"地下森林"。在地下森林中乔木、灌木、藤等交互簇生，品种繁多、色彩斑斓的朵朵野花点缀其中，各种野生动物栖息其间。晚秋时节，山丁、欧李、山杏等各种野果挂满枝头。蛇皮河地下森林是一个在黄沙漫漫的沙地中极为罕见的绿色地带，也是罕见的沙与水、沙与植物、动物与植物和谐相处的生态景观。

大渡口景区主要以山杨、白桦的混交林为主，同时伴着灌木和乔木。森林在调节多伦地区的小气候、涵养水源、水土保持等方面发挥了巨大的作用。另外，这片天然林里还盛产山杏、山榛子、秋子梨、山楂、沙棘、欧李等营养丰富的纯天然野果，栖息着鹿、狍子、黄羊、狼、野兔、松鼠等走兽以及野鸡、鸿雁、鹰、山鸡、大鸨、灰鹤、天鹅、百灵等多种飞禽。

大渡口两侧有两个俗称东、西松树坑的地方。这两个深坑中蓄满了水，生长着200多棵云杉。长途跋涉的候鸟在这里歇脚，饮水时通过粪便播下远方携带来的种子，形成了小松林。据专家考证，现存的这种松树为"沙地云杉"，属国家

珍稀物种，被称为活化石，为研究　　　了实体标本。松树坑周围，景观独特，
多伦县的地质变迁、生物进化提供　　　沙地云杉自成一体与周边环境界线

冰封的大渡口

分明，虽然在草原上观望全无踪迹，但爬上山峰，脚下现出一片茫茫苍苍的幽深松林，让人惊喜万分，感叹造化之神奇。

姑娘湖

姑娘湖旅游区位于多伦县蔡木山自然保护区内，距县城约48公里。这里地处浑善达克沙地的边缘，是以姑娘湖为中心的一个生态旅游区。姑娘湖是一个天然形成的湖泊，湖水清澈宁静，湖岸层林尽染，湖水中有鲤鱼、鲫鱼、鲶鱼等，是个垂钓的好地方。旅游区的天然次生林资源非常丰富，有杨树、白桦、榆树等；狍、獐、狐狸等野生动物繁多。这里是多伦县天然林资源和野生动物资源较为集中的地方。

"姑娘湖"蒙古语名称是"呼

姑娘湖

痕诺尔"，"呼痕"是蒙古语"姑娘"的意思，"诺尔"是"湖泊"的意思。呼痕诺尔的名字源于当地一个凄美的爱情故事。

塔娜公主是多伦城附近察哈尔某一旗地区行政长官梅伦的女儿，自小生活在蒙古官宦之家，知书达理，但性情却很倔强，再加上天生丽质，更是桀骜不驯，可谓是草原上一朵带刺的玫瑰。塔娜公主与多伦城源复兴商号的少掌柜王喜子青梅竹马，情有独钟，在一草原湖畔私订终身。突然有一天，多伦城有名的游手好闲之徒孙旺，要给蒙古

阿古拉王爷提亲，姑娘就是塔娜公主，但遭到塔娜公主的回绝。为了巴结蒙古王爷，孙旺和王爷的管家以朝廷有蒙汉不许通婚的规矩，从中作梗，并勾结土匪截杀了王喜子的商队。塔娜公主以为喜子遇难，异常悲愤，投湖自尽。王喜子劫后逃生，得知塔娜公主已死，心灰意冷，也投了湖。后人为了纪念这对誓死捍卫爱情的年轻人，便把这个湖泊称为"呼痕诺尔"。

汇宗寺

汇宗寺在蒙古语中称"呼和苏默"，意思是"青色的庙"。后来在它的西面又建了善因寺，人们便把这座青庙称为"东大仓"。"仓"是藏语"札仓"的简略说法，意思是学院或分部，藏传佛教的大寺庙都是由几个札仓组成的。

多伦诺尔会盟后，康熙随即开始了寺庙的创建。最初的工程建设是由清朝政府拨付银两，由漠北喀尔喀大活佛哲布尊丹巴主持兴建的。建设寺庙所需的工匠都是清政府从京城和河北地区调集的，方石、条石、汉白玉等石料大多取自50里以外的元上都遗址，木料从承德地区运往多伦，装饰性建筑构件从京城运往多伦，普通砖瓦则在当地烧制。

康熙五十一年（1712年），寺庙整个工程基本完工，根据章嘉活佛的请求，康熙正式命名为"汇宗寺"。

康熙五十二年（1713年），康熙再次到多伦视察，看到寺庙建设得庄严宏丽，各旗来的喇嘛都能专心致志学习经典，而漠南、漠北蒙古王公也齐集汇宗寺向其述职，十

分高兴。第二年，康熙为汇宗寺题写《御制碑文》，刻在汉白玉碑上，作为永久纪念。从康熙三十年开始，到康熙五十三年立石树碑，汇宗寺历经23年时间，工程完全告竣。

汇宗寺整体布局，包括主寺庙、喇嘛印务处、十座活佛仓、五座官仓和几十座僧房。

主寺庙是康熙动用国库银施工，依山而建，主建筑物均在一条正南正北的中轴线上，两侧配以其他建筑，具有典型的中国古典建筑风格。

汇宗寺夜景

重修后的汇宗寺大殿

还建有影壁、跳舞场、山门、钟鼓楼、天王殿、大经堂、释迦牟尼殿、后殿、东西配殿和藏经楼等。大经堂是寺庙的主体建筑，高五丈，砖木两层楼结构，每层的面阔九间，进深七间，造型精致美观。

喇嘛印务处是在 1701 年设立的，隶属于清政府处理边疆和民族事务的机构——理藩院，清政府派遣以章嘉活佛为首的喇嘛官员进行管理，是处理漠南蒙古地区喇嘛事务的行政司法机构。其权力很大，整个漠南蒙古地区涉及喇嘛教僧人的事务都要在这里进行处理。

活佛仓，是佛爷居住的地方，每座活佛仓都是一座规模相当的寺

汇宗寺章嘉活佛仓

汇宗寺飞檐

庙。汇宗寺有十个活佛仓，分别居住着十位活佛及其弟子们。这些活佛仓包括章嘉活佛仓、甘珠尔瓦活佛仓、噶勒丹·锡呼图活佛仓、济隆活佛仓、阿嘉活佛仓、毕力格图诺门汗活佛仓、喇果活佛仓、诺颜巧尔吉活佛仓、墨尔根诺们汗活佛仓和达赖堪布活佛仓。这十位活佛是清代西藏，青海，甘肃，漠南、漠北蒙古具有代表性的喇嘛，都有很高的宗教地位。

"官仓"最初是为清朝祈愿而设

汇宗寺砖雕窗

立的小寺庙，同时也是寺庙内处理行政事务、掌管法会及寺庙财产的机构。汇宗寺设有五座官仓，分别叫大吉瓦仓、图木图仓、厥林仓、农乃仓和桑堆仓。

"僧房"是汇宗寺最具特殊性的建筑物，是由漠南、漠北蒙古各旗王公出资建设的，用来安置各旗所派遣的喇嘛。这些僧房，无论日常维持的费用，还是维修建设的费用，都由各旗王公负担。蒙古各旗王公在汇宗寺周围建筑的形式不一、各具特色的四合院，供所派遣的喇嘛居住。在汇宗寺及后来所建的善因寺周围，这样的院落共有130多处。

2001 年 6 月 25 日，国务院公布了第五批全国重点文物保护单位，汇宗寺列入其中。

善因寺

善因寺在蒙古语中称"西拉苏默",意思是"黄色的庙",当地人把这座黄庙称为"西大仓"。

雍正五年(1727年)十一月庚午,雍正皇帝谕旨动用帑银十万在汇宗寺附近创建一座喇嘛寺庙,作为二世章嘉活佛的住寺,这就是善因寺。雍正六年(1728年)春,从京城调集来大批工匠,开始了善因寺的土木工程建设,雍正九年(1731年)九月主体工程告竣。

善因寺,布局工整,气势宏伟,金碧辉煌,显示出皇家寺院的气派。这座寺庙主体建筑群的左右两侧分别建有一座皇帝行宫、五座官仓、三座活佛仓,及由漠南、漠北蒙古各旗兴建的几十处当子房,形成了占地面积为18.4万平方米的建筑群落,整个建筑群以汉式建筑为主,装饰、彩绘等融蒙古族、藏族艺术于一体。主要建筑都位于南北中轴线上,钟楼、鼓楼、碑亭、配殿等严格建于中轴线建筑的两侧,互相对称。无论是敕建庙,还是各官仓、佛仓及当子房,均为独立院落。院落和院落之间,留有较为宽阔的道路。

中国第一历史档案馆有一份清宫廷珍藏的善因寺建筑图,该图纸为彩绘,上北下南,横117厘米、纵100厘米,主要建筑和院落分别贴有黄签,签上标有各个院落和建筑的名称、进深及高度。图中,善因寺的院落错落有致,建筑色彩绚

20世纪70年代初的善因寺大经堂

善因寺藏经库

六角碑亭两座，经堂（正大殿）一座，四面各显九间，经堂前面有抱厦平台三间、配殿两座，每座三间，大殿五间；三进院，厢房两座，每座三间，后阁一座，计七间，后阁前面有平台三间。寺庙外，山门前面有栅栏，东侧小院一处，收储房三间，厨茶房各三间；南墙东西两侧，有看守房六间。一、二进院建筑全部覆盖黄琉璃瓦，南墙和内墙也覆盖黄琉璃瓦，其余建筑及外墙则为灰瓦。

雍正九年（1731年），善因寺建成。雍正帝题写的"敕建善因寺"汉白玉匾镶嵌在寺庙山门门楣之上，题写的"善因寺"寺名以满、汉、蒙古、藏四种文字制成精美的木匾额悬挂在大经堂二楼门楣上方；御书"慈云广被"金字匾悬挂在释迦牟尼殿门楣上方；《御制善因寺碑文》制成汉白玉碑，立在大经堂前的碑亭内。在御制碑文中，雍正帝回顾了先帝康熙在多伦诺尔会盟、喀尔喀蒙古王公及喀尔喀三部归附

丽，彩画层次分明，是一份十分珍贵的清代寺庙建筑图。根据该图所示，善因寺整个布局为内、外两重院落：外院为长方形，十座三间房依次排列；内院为三进院，所有主体建筑以内院为中轴由南而北修建。一进院，山门三间，旗杆两根，钟鼓楼两座，天王殿三间；二进院，

清朝以及创建汇宗寺的经过，指出敕建善因寺的目的是让历代章嘉活佛主持多伦两寺，集会蒙古地区的喇嘛和民众，维护清朝一统，并深刻揭示出清朝维护黄教在于"因其教，不易其俗，使人易知易从"的民族宗教政策。

就在善因寺建成这一年，准格尔部贵族噶尔丹策零与清军对抗，攻占漠北喀尔喀蒙古西部，漠北年幼的二世哲布尊丹巴活佛处境十分危险。为确保其安全，1731年秋，雍正帝令二世哲布尊丹巴活佛从漠北移住到新建成的善因寺。1732年夏，二世哲布尊丹活佛在徒众800余人的护卫下，缓缓南行到多伦，秋天入住善因寺。此时，二世章嘉活佛也已经从京城移住在善因寺。漠南、漠北蒙古的两位宗教领袖同住善因寺，香客盈门，热闹非凡。多伦也凭借着章嘉活佛和哲布尊丹巴活佛的影响，逐渐聚集人气，成了令整个蒙古草原向往的地方。

雍正敕建善因寺，如同康熙敕建汇宗寺，在清朝前期对巩固北部边防具有非常重要的意义。同时，更加稳固了多伦在蒙古草原上的宗教中心地位。

善因寺大吉瓦仓山门（图片右侧部分）

山西会馆

乾隆十年（1745年），山西籍的旅蒙商人在多伦城西南部，集资兴建了"伏魔宫"，作为山西商人聚会的场所，人们称之为"山西社"或"山西会馆"。

多伦山西会馆坐北朝南，其建筑规模宏大，布局紧凑合理。会馆有一座山门、一座戏楼、四进院落、三座殿宇、六座跨院、五座牌坊、六间画像殿、八间神像殿，占地一万多平方米。

整个院落为大青石铺地，大牌楼前立有一长条碑，前书"伏魔宫"，后书"与天地参"。山门门楣上悬挂着一块匾，写着"山西会馆"四个大字。山门西侧另开着个便门，为半圆形月亮门，门楣上写着"晋境胜地"四个大字，是常人出入的地方。过了山门是大戏楼前院、同乡客房、戏台、前殿、钟鼓楼、过厅、正殿。整个建筑以砖木为主，前殿与过厅间有回廊连接，楼、台、厅、殿、廊舍亭榭错落有致，设计精巧，工艺高超。它的木刻、石刻、砖刻无不精美。前后檐下的桁、枋、柱和台阶等各部位均绘有民间故事和禽兽花鸟，故事以三国故事为主，大多表现刘备、关羽、张飞的故事。会馆正殿正面供奉着身着战袍的关云长，东侧是怀抱宝剑、手托印章、全身披甲的关平，西侧是手捧青龙偃月刀的周仓，东、西两侧摆放十八般兵器。这里的关公面部不同于其他关帝庙的关公，呈金黄色。他的头上盖着一块杏黄色布幔，据说是因为关云长勇猛凶威，不能在尘世露出面容，否则就有血光之灾。

山西会馆山门

山西会馆的戏台

会馆建筑最有特色的是戏楼，戏楼坐南朝北，台子高出地面两米多，三面临空，飞檐高翘，其顶部为半球形内旋式穹隆顶，极有特点，其建筑不仅十分精美，还运用了声学原理起到了聚音的作用。会馆之古戏楼和会馆建筑一道，是晋商明清时期实力的象征，其美轮美奂的建筑艺术及其中体现的独特的建筑风格渗透着山西的民俗风情，体现着山西商人的壮志豪情。戏楼正中悬挂雕刻鎏金花边的长方形匾额，上书"水镜台"三个字，系清康熙年间书法大家傅山所书。戏台设有上下阶梯，底座全由长方条石砌成，高约八尺，呈"凸"字形。台上两根粗大的大红明柱支撑着戏楼的前半部分。戏台后面的屏风上端写有

"紫气东来"四个大字。戏台楼顶四角的飞檐斜刺天空，斗拱的顶部绘有麒麟图案，戏台悬挂着两面镜子，面向北面，在台下找好角度观看此镜，可看到善因寺全景。楼脊正面横梁上方东、西、中是三个葫芦状的铜制装置，起避雷的作用。戏楼气势雄伟，结构精巧，是典型的中原文化群落的体现。戏台前的戏场为露天戏场，场内铺满规格相同的方块石板，看似不大，但可容纳几千观众。

多伦的山西会馆实际功用大体有以下几个方面：

第一，联络乡谊。这是创建会馆的初衷。康雍乾年间，清政府严禁旅蒙商人携带家眷到草原地区，山西的商人在塞外的多伦，难免有

思亲怀旧之感，而"会馆之立，所以联乡情，笃友谊也。朋友居五伦之一，四海之内，以义相投，皆为兄弟"。共同的语言、风俗、生活习惯、文化心理，同乡聚在会馆里联乡语、叙乡情，畅然荡然，既可以消释思乡之苦，又可以相任相恤。可见，会馆是联乡情于异地的驿站。所以，多伦的山西会馆有很多的房屋都是供人吃住的。一旦家乡人来到多伦，他们大多投奔到会馆里，在同乡的帮助下，寻亲访友，找活干，当伙计，乃至筹集资金、开设店铺，开始了在草原大漠创业的征程。

第二，聚会议事，沟通信息。这是会馆的一项重要职能。在多伦，山西会馆也叫"山西社"，既有社团性质，也是同乡社会活动最重要的阵地。他们认为自己的会馆是"叙语之地，正可坐论一堂，以谋商业之公益，凡通商之事，咸于会馆中是议"。商人们聚集在会馆里，互相启发智识，开通商智，调查商情，集思广益，沟通信息。

第三，互帮互助，举办善举。这是会馆的一项日常工作。清时，这里交通落后、邮递不畅，山西商人在塞外闯荡，并不一定都能圆了发财之梦，常常有人遇到灾难，甚至客死他乡。每当遇此，会馆便出面组织同乡购置棺木，掩埋尸首，告知家乡亲友，以待数年后派人将

山西会馆的石狮子

山西会馆的壁画

尸骨运送回籍。当同乡贫困者遇有患重病时，会馆便相顾相恤，提供钱财药物；对年老失去生存能力者则更要予以救济；对穷儒寒士也会提供方便。

第四，维护同乡或同行商人利益，公议市场秩序。随着商品经济的发展，商业竞争日趋激烈，没有一定的群体实力，是难以在他乡立足的。商人"无一区托足，则期群涣"，

相支持，既与其他商帮竞争，又联合抵制官府的压榨和恶势力的欺凌。甚至到了清朝后期，会馆出面组织马勇队，保护本籍商号的生命财产安全。再后来，山西商人和直隶商人组织起商务会，更加壮大了实力，就连警察局长的人选也是由商务会推荐，常常有商务会的一封书信就决定了多伦官员的政治生命的事例。当然，公议市场，制定行规，监督行规的执行，处理商务纠纷，也是会馆的一项重要的职能。会馆都有明文规定，要求入会商人重视商业信誉，买卖公平，取信于民，违者处罚。商人在外经营，不可避免地会发生与行内、行外之间的业务纠纷，对此，商人行会有调解与仲裁的义务及权利。山西商人非常重视集团的整体信誉。多伦曾发生过商号改换戥秤、大小不一的事情，但是山西会馆出面，召集在多伦的所有山西商贾齐集会馆关帝庙前，公议秤是16两，戥依天平为则，并规定公议之后不得私下更换戥秤，如有犯者罚戏三台，如不遵者举秤禀究官府。晋商的经营规范，取信于人，是他的经营特色，也是他们在多伦成功的重要原因。

第五，会馆是祭祀神灵、宣传经营理念之地。在异地经商的同乡，在精神上需要神灵的保佑，因此定

群涣必然削弱竞争力量。因此，商人们需要一种组织形式来加以联结，而以地域为基础建立的会馆就提供了这样一种社会组织形式。商人利用这一合法组织形式，团结起来互

期祭祀、祈求神灵护佑成为会馆的主要活动内容之一。山西会馆原是伏魔宫,供奉关圣帝,而后才扩展为会馆。山西商人祭祀的神灵是关羽,原因是关羽为山西人,以义行天下,最受乡人崇敬,是晋商之精神偶像。山西商人齐集会馆的关帝庙议事,实际上更重要的伦理意义

山西会馆雪景

在于借助于神祇的精神威慑力量，增强商人在神祇监督下的自我约束能力，警惕"见利忘义""不仁不义""损人利己""独网其利"等

邪恶动机的产生，树立起山西商人的诚商廉贾的商家正气。"信义为上，利从义来"，是商人从几千年传统文化中得到的最有价值的传家宝，而关羽被人们誉为最讲"信义"的神灵，因此，山西商人以关羽的"义"来团结同仁，摒弃"见利忘义""不仁不义"等不良观念与动机，以关羽的"信"来取信于主顾，摒弃欺诈行为。山西商人在会馆中供奉关羽，其目的就是请这位神威广大的神灵，日夜监督他们的精神世界和商业活动，同时从关羽身上汲取无穷的正义力量，使商业活动立于不败之地。有意思的是，多伦山西会馆关帝庙正殿大门口跪拜关老爷的地方，放置的是一枚直径在1.5米左右的大铜钱，商人屈身一拜，则正好"掉进了钱眼儿里"。在那个重农轻商的时代，山西商人特立独行，将中国传统文化中关云长这一"信义"的化身融到价值观念和经营理念上，使山西商人既"置身钱眼儿"而又"心向信义"。这样，忠义神勇的关羽既是晋商的财神、保护神，也是维系晋商这一群体的精神纽带。

第六，会馆是聚会唱戏及进行各种庆典活动的场所。会馆作为同乡人的组织，凡逢年过节及商业活动取得重大成绩的时候，同乡们常常欢聚在会馆里，聚酬演戏。

多伦山西会馆旁的商业街

山西会馆的关帝庙

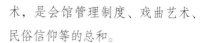

山西会馆是在多伦的山西籍商人集会洽谈商务的重要场所，它是山西商人创造辉煌商业奇迹的缩影，是特殊历史背景下的产物。它是山西商人在他乡的一个特殊驿站，发挥着举足轻重的作用。晋商会馆文化即是山西商人在从事商业活动的历史实践中所创造的商品财富和精神财富，及由此衍生、发展而来的商行制度、商业道德、商会组织等商业文明，还有相应的会馆建筑艺术，是会馆管理制度、戏曲艺术、民俗信仰等的总和。

2006年5月25日，国务院公布了第六批全国重点文物保护单位，多伦县的诺尔古建筑群列入全国重点文物保护单位的行列，诺尔古建筑群共包括多伦老城的九处古建筑，山西会馆就在这九处古建筑之中，属于国保单位。

兴隆寺

位于多伦县长盛街上的兴隆寺，被当地人称为"佛殿"，建于雍正十二年（1734年）。最早是北京延庆县隆昌寺和直隶省怀来县龙潭寺的下属寺庙，由多伦商人募集钱粮、龙潭寺的老方丈主持创建，是典型的汉传佛教寺院。

兴隆寺整个建筑群落十分精致，斗拱飞檐，雕梁画栋，色彩艳丽。院落为四合院式布局，坐北朝南，设计精巧，紧凑高耸。庙堂为砖木结构，有硬山式山门、钟楼、鼓楼

兴隆寺大殿

及过殿、配殿、大殿等建筑。兴隆寺山门很有特色，两边带有两层楼式的配房，进山门抬头就能看到"兴隆禅林"匾，过殿正中供奉着泥塑金身弥勒佛，上方悬挂"佛法无边"匾，东、西两侧供奉四大天王。出了过殿就到了正大殿的院落，大殿覆盖黄色琉璃瓦，歇山式建筑，中间供奉如来佛祖，左侧供奉观音、文殊、普贤三菩萨，右侧供奉天、地、人三皇塑像，东、西两侧为十八罗汉，东西墙壁上是千佛阁，排放着千尊铜银佛像。东、西两个配殿分别是药王殿和鲁班殿；东配殿是鲁班殿，供奉鲁班塑像，为木匠铺和建筑行业尊奉之神；西配殿为药王殿，供奉药王，即琉璃光佛，是药铺和郎中尊奉之神。

兴隆寺山门

正月初八祭星是兴隆寺最热闹的活动。正月初八的晚上，天上群星聚会，人间需要祭祀，特别是本命年的人尤其要祭星。兴隆寺院内摆放着石桌，上面放着很多油灯，人们在象征自己的本命星前，给罗汉前的油灯添油拨灯芯。

乾隆年以后，寺庙所在的地段是制作铜佛像铜铺集中的区域，商贸也日益繁荣。僧人将寺庙周边盖满了砖瓦房，用于出租，补贴日常开支。兴隆寺香火最旺盛的时候是咸丰年间，那时寺里有一百多僧人，至民国以后逐渐衰落，20世纪60年代大殿被毁。

兴隆寺作为诺尔古建筑群九处古建筑的一部分，列入国保单位。目前，文物部门正在筹划修复工作。

碧霞宫

碧霞宫也叫娘娘庙，建于乾隆四年（1739年），位于多伦县东盛大街，为硬山式建筑群落。碧霞宫坐西朝东，面临东盛大街，主要建筑有牌楼、山门、钟楼、鼓楼、正大殿、耳房、配殿、戏楼等。

碧霞宫最显眼的建筑是临街的大牌楼，呈双檐歇山式木质结构，四柱三门，青筒瓦覆顶，如意斗拱承托，飞檐悬挂风铃，牌楼底檐悬挂"碧霞宫"匾。走过牌楼的大门，登上石台阶，就到了山门。山门三间，山门两侧是耳门，耳门两端是钟鼓楼。碧霞宫的大钟在多伦城十分有名，每逢初一和十五都要进行鸣钟仪式，此钟声音浑厚，人们在二十里外也能听到。走过山门，就

是精致的庙院，呈长方形，南北稍宽，东西较窄，方石铺地，古树参天，枝繁叶茂。正大殿坐西朝东，台基五尺，用长石条修筑。大殿前面出厦，殿宇三间，砖木结构，堂内供奉云霄、碧霄、琼霄三霄娘娘神像。

三霄娘娘是道教神话传说中的三位仙女，她们的义兄是财神爷赵公明。传说很久很久以前，云霄、碧霄、琼霄三位仙女在碣石山上的碧霞宫里修行。她们采天地灵气，集日月精华，不仅练就了一身好武艺，还练成了三件宝贝，一件是金蛟剪，一件是混元金斗，一件是缚龙索。神、仙、人、圣、诸侯、天子等，不论贵贱贫愚与否，其降生都要从她们执掌的混元金斗转动。所以从前信士求儿女，都要拜三霄娘娘，

碧霞宫牌坊

碧霞宫正殿

现也有人称三霄娘娘为"送子娘娘"或"送子奶奶"。碧霞宫中的三霄娘娘头戴饰宝凤冠，身着华丽服饰，面容丰润慈祥，各持宝物，文雅端坐。

每年农历四月十八，是祭祀三位娘娘的日子，也是娘娘庙会日，香火旺盛，在民间信仰中占有重要地位。后来，随着岁月的变迁，这一天，慢慢演变成"许愿求子、拴娃娃、偷小鞋"等带有母系社会女神崇拜色彩的民俗活动和地方性信仰。多伦娘娘庙的庙会从四月十八持续到四月二十，届时的娘娘庙，香火缭绕，人们磕头许愿、看戏购物，

热闹非凡。

多伦的碧霞宫建筑布局紧凑、错落有致，梁、柱、飞檐、斗拱等彩绘艳丽，墙壁上的"三霄娘娘下山""老君斗宝""剪铰梅花鹿""九曲黄河阵"等中国民间传统绘画描绘得栩栩如生。是诺尔古建筑群九处古建筑的一部分，属于全国重点保护单位。

清真寺

清朝康熙前期，蒙古准格尔部首领噶尔丹征服天山南北地区，派遣回族商队经多伦到张家口进行互市贸易。不久，清朝政府与噶尔丹

清真南寺

开战，康熙下令遣返归化城和张家口回族商队回乡，逗留张家口的回商又经多伦返回西北。康熙三十年后，随着旅蒙贸易的发展，许多京城、直隶、山东、宁夏的回族也来到多伦城落籍定居。他们以经商为

清真中寺

清真北寺

主，并且逐渐发展起牛羊屠宰、饮食、皮毛、牲畜交易、驼队运输等行业。咸丰、同治年间，西北回民起义失败，一些起义的骨干和重要的参加人，为了躲避追杀逃到多伦城，使多伦的回族人口又增加了许多。到清末，城内回族已有三四千人，是内蒙古地区回族聚集比较多的地区。

伊斯兰教是回族信仰的宗教，清真寺是穆斯林朝拜真主和举行宗教仪式的场所。有了回族的聚集，修建清真寺做礼拜自然会提到日程。在多伦老城里，最初只建了一座清真寺，就是现在的南寺，但随着回族人口的增多，回族或以迁来的地区或以从事的行业各自建了清真寺。到光绪三十四年（1908年），多伦城已经建了五座清真寺，分别称清真南寺、清真西寺、清真东寺、清真北寺和清真中寺。

清真南寺在城南太平街，雍正

清真寺咸丰九年匾

年间建寺。后来回族的经济实力增强，于乾隆二十六年（1761年），由回商莫天明和马桂芳两人发起扩建清真南寺，先修礼拜大殿十一间，后修南北讲堂、沐浴室等建筑，占地面积达到1600多平方米，建筑面积有700多平方米。还在太平街、永安街、棋盘街购置了房产，以房租维持寺院日常开支。嘉庆三年，从事商驼行业的回族，集资在城北的二道街建清真北寺。随着商驼行业的发展，清真北寺实力逐渐增强，进行了扩建，扩建后占地面积超过3000多平方米。北寺建筑比较豪华，对厅式山门、礼拜大殿都比较讲究，大殿上有望月楼、盔顶，被称作清真北大寺。后来随着多伦城的扩大，同治年建了东寺、光绪初年建了西寺、光绪末年又建了中寺，形成东、西、南、北、中五寺并立的局面。

多伦的五座清真寺从外观建筑形式上看，与我国西北地区的清真寺有所不同，这里几乎都是青砖青瓦的汉地传统建筑。这大概有两个原因：第一，多伦的回族大多来自内地，只有少部分来自西北，来自内地的回族群众把家乡的建筑风格带到了多伦；第二，多伦商业城的整体建筑风格属于汉地传统建筑，适应多伦城的整体建筑色彩而建清真寺，在施工上可能更方便一些，这也体现出多伦的各民族相互融合、团结和睦的和谐景象。

清真南寺、清真西寺、清真北寺、清真中寺包括在诺尔古建筑群里，属于第六批全国重点保护单位。

民间传说

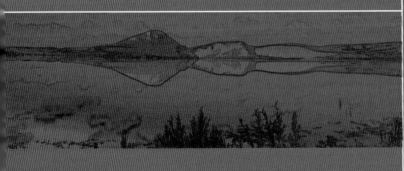

HUASHUONEIMENGGUduolunxian

民 间 传 说

MINJIANCHUANSHUO

在多伦流传了几百年的民间传说，如白城子海市、杨八郎与辽国王子、皇家鞋铺、乾隆皇帝留绝对等，无不体现着地域文化特点和多伦人民质朴的品格。

毛盖图

多伦城东南30多里处有一个村子叫毛盖图。毛盖图是蒙古语，汉语的意思是"有蛇的地方"。相传很早以前，这里的蛇特别多，因此得名毛盖图。

相传毛盖图村周围蛇繁衍得越来越多，在这众多的蛇之中便有修炼成精的，最有名的蛇精要数黑蛇精和白蛇精了。黑蛇精时常在毛盖图村出没，为了修炼，它吃人害命，作恶多端；白蛇精心地善良，救济百姓，专门为百姓除害，而且白蛇精的功力比黑蛇精要强得多。

黑蛇精为了修炼，每隔三两天就要吃一个人，住在这里的村民能跑的都跑了，留下来的人们躲躲藏藏，每天提心吊胆地过日子。有一段时间，黑蛇精作恶更为频繁，每天都要吃掉一个活人。大家再也忍受不了了，于是就凑在一起商量了一下，决定派几个代表冒险到山里请白蛇精帮忙除害。

村民们来到山上，一边焚香，一边念叨："心地善良的白蛇仙啊，百姓有难，求你现身，出来帮帮忙吧……"

香燃了不到半柱的时候，只见一团白色的烟雾远远地升腾而来——是白蛇精来了，大家不敢再看，赶快跪拜。白蛇精对村民说："不用跪拜，快起来吧。你们进山来找我有什么事吗？"村民们你一言我一语，把黑蛇精残害百姓的所作所为一五一十地讲给白蛇精听。白蛇精听了乡亲们的讲述后非常气愤，答应百姓除掉黑蛇精，并嘱咐村民这几天不要外出，不管外面发生什么事都不要出来。

村民们离开以后，白蛇精将黑蛇精作恶的事情如实禀报到观音菩萨那里，观音菩萨当即令白蛇精收治黑蛇精，并赐给白蛇精"定物"，即两筐鸡蛋。白蛇精用尾巴盘过两筐鸡蛋，诧异地问观音菩萨，这"定物"有何用处。观音菩萨说："这畜生爱吃鸡蛋，你只要想办法让黑蛇精吃下这两筐鸡蛋，然后你给黑色蛇精指明方向，同时大喊一声'滚'就可以了。"

村民们把白蛇精的话转告给全村百姓，大家都关门闭户，躲在屋子里。村子的大街小巷都空空荡荡的，黑蛇精一连饿了好几天，体力大减，他把身子盘在村口的一棵大树上，饥饿的双眼不时窥视着村子里的动静。这时，白蛇精化装成一个老农，肩膀上担着两筐鸡蛋，大摇大摆地向村口走过来。黑蛇精饿了好几天，很快就嗅到了鸡蛋的香味，它卷着烟尘一下子就窜到了这个老农面前，张开大嘴，正准备一口吃掉这个老农。这时候，只听老农高喊："等一下！等一下！"黑蛇精轻蔑地冷笑道："就要死的人了，有什么话，快说！"老农对黑蛇精说："我这里有两筐鸡蛋，不如你先把这些鸡蛋吃了，润润喉咙，然后再吃我也不迟呀。"黑蛇精早就闻到了鸡蛋的香味，看到筐里的鸡蛋，吐着芯子的嘴不由自主地流出了口水，二话没说，张开大嘴"嗖"的一下就把两筐鸡蛋吸进了肚子里，

当它扭动腰肢正准备吃老农的时候，黑蛇精怎么也张不开嘴了，接着身子也僵硬起来，不一会儿就一动也不能动了。

老农变回到了白蛇精，指着黑蛇精厉声喝道："你这妖孽，不好好修行，净做伤天害理的事情，坏我蛇界名声，我特奉观音菩萨之命，来这里收治你。现在你顺着我指的方向滚蛋吧！滚！"果然，黑蛇精真的顺着白蛇精指的东南方直挺挺地翻滚而去，最后它滚到这个村南30多里的地方停住不动了。不一会儿工夫，黑蛇精变成一座细长的山冈，就是八郎阁大山前面的那座"长山"。

从此，黑蛇精变成的长山便依偎在八郎阁大山脚下，那里花草树木葱郁，尤其到了夏天，山上的黄花长势格外的好，大概是因为那黑蛇精吃多了"鸡蛋"的缘故吧。

额尔腾河的传说

相传在忽必烈来到金莲川以前，多伦草原干旱、牲畜倒闭，牧民们饮水十分困难，需要到很远的地方去取水。

有一年，这里更是干旱无雨，几乎寸草不生，牧民们取水的地方也很快就要干涸了，牧民们整天祈祷求雨。可天公就是不作美，还是滴雨未见。很快牧民们就没有水喝了。

就在这时，蒙古包外忽然来了一位衣衫褴褛的老人，他拄着拐杖，祈求人们施舍给他一些残羹剩饭，牧民们自己都要断炊了，但他们见老人可怜，就像孝敬自己的父母一样，把仅有的一点吃的给了老人。老人说自己现在无依无靠，又求大家收留他，牧民们也没有拒绝，轮流把这个老人带到自己家里照顾，老人非常高兴。又过了些日子，老人跟大家说："住了这么久，我该走了，谢谢你们这些善良的人收留我，照顾我。我没有什么可以报答大家的，只有一粒小珠，我走后你们把它埋在一块宽敞的草地下边，你们就再也不用愁喝不上水了。"话话音刚落，老人就不见了。

原来，这位老人是位神仙，他经过这里时看到人们跪地祈祷，为了了解实情，他变成衣衫褴褛的老人，走进牧民中间。神仙感受到了这里百姓的淳朴善良，便将自己随身携带的宝珠赐予了这些善良的人们，想留下一眼甘甜，滋润这里的草地和牧民。

人们按照老人说的话，选择了一片宽阔的草地，把那粒珠子埋了下去。没多久，果然一眼清泉汩汩而出，从此，这里的人们喝上了清凉的泉水。泉水日夜不停地向外涌动，最后变成了一条河，人们就把这条河称作"额尔腾河"，汉语的意思就是"宝泉"。

白城子海市

古时候，白城子的城外有两扇石门，一扇在南，叫南石门，前面是一片沙土地；一扇在东，叫东石门，东面是一片沼泽地，谁也没有看见有人进过这两扇门。不过据老年人讲，从前有个叫常山的农民，曾进过石门。

有一年，常山在南石门的沙土地上，种了三亩苞米。谁知苞米都没有结粒，只是一派青枝绿叶。常山辛苦了几个月，白忙乎了一场，心里很是气恼。第二年，常山仍在三亩地里种下苞米。这一回，地里的苞米长得很茂盛。常山心里高兴，他想今年的收成一定不会坏。哪知苞米含苞抽穗后，又是一粒也没收。常山气坏了，但是他没有灰心。第三年，他又在原地种下苞米。这一次常山培育得格外小心，每天都要去看一次，施施肥锄锄草，那枝叶比去年长得更茂盛苗壮。过了不久，苞米抽穗了，常山心里无比高兴。他想：今年总该有个好收成了。谁知，结棒棒时，三亩地里只结出一根三尺来长的大苞米。常山辛苦了三年，只得到这么一根苞米。但他还是很满意。心想，这根苞米的味道一定甜美无比，就小心翼翼地把苞米瓣下来，拿回家去和老婆一起享用。

在苞米地里忙活了大半天，常山在回家的路上，觉得有点疲倦。这时候暖洋洋的阳光照在身上，他只觉得满目缤纷，花香扑鼻，一股软绵绵、痒苏苏的香气袭人欲醉。走到南石门，想坐下来小憩片刻抽袋烟再走，随手把苞米往石门上一靠。突然，"哗啦"一声，南石门开了。常山又惊又喜，只见石门里面热闹非凡，身着各种服饰的人群，在青石铺就的大街小巷活动。沿街的笑声、吆喝声、叫卖声、讨价还价声不绝于耳。四海方言，八方土语，弥漫在街市上空。店铺连缀，货堆满架，一应俱全。随风摆动的招牌幌子，各具特色，地摊、小贩、杂耍、说书卖唱随处可见，街道却来来去去地自己走动。常山看呆了，心想，我也要进去见识见识。

他跨进石门，上了自己会走动的街道，街道就带着常山游来游去。人们见了常山，都笑容满面地朝他点点头，并说着："好香啊，好香啊，常山来了！"似乎人们都认识他，又像在欢迎他。常山心里乐极了。就这样，常山在这繁华的街市玩了个畅快。最后，那条路又把他带回南石门。他正想跨出石门，忽见一个白发长须的老人朝他笑了笑说："常山，你今天能来到这海市城，

全靠那根苞米钥匙啊，以后你如果再想来，就带着那根苞米钥匙来开门好了。"老人从一只布袋里取出一升黄豆递给常山说："送给你做个见面礼。"常山不好意思接受，老人却硬要给他，后来常山还是收下了，作揖道谢一声走出了石门。常山出了石门，刚拿起那根苞米，"哗啦"一声，石门就关上了。

一到家，常山将这件事一五一十地讲给老婆听。他老婆起初不相信，看到了常山带回家的一根大苞米和一升黄豆才相信。夫妻俩知道这根苞米是个宝贝，就保存起来不吃它了。过了一会儿，常山觉得肚子很饿，俩人就炒这豆子，豆子越炒越硬，炒到后来连铁铲都拔不动了。常山老婆奇怪起来，抓了几颗叫常山尝尝。常山放进嘴里一咬，黄豆变成了一颗颗的金豆子！这一下可把常山乐坏了。他得意忘形地大喊："好啊！好啊！我常山发财了！今后再不用做牛做马干活了！"从此常山不劳动了。整天坐吃坐喝，东游西逛，不仅结交了一批游手好闲之徒，还染上了许多坏毛病。

不到三年，常山的一升金豆子全花光了。这时他想起白发长须老人的话，就拿起那根大苞米，一口气跑到南石门边，将大苞米往石门上一靠，"哗啦"一声，石门又开了。

这回他看到石门里面更加热闹了，高大的房屋也更加漂亮了，大街上来来往往的人们，快快活活地谈笑着。只见那数千株槐柳成林，三五处厅堂待客，转屋角牛羊满地，打麦场鹅鸭成群。正是家有余粮鸡犬饱，户无差役子孙闲。不过这次人们见了常山，一个个都避开去，还掩着鼻子说："好臭啊！好臭啊！"又说："啊，原来是常山又来了！"常山心里很难过，红着脸不敢看他们一眼。心想我只要找到那个白发长须的老人就好啦！但他怎么也没找到。末了，那条街把他带到东石门去了。一到东石门，常山见到白发长须老人站在石门口，他赶快走上几步，叫一声："老公公。"那老人却向他瞪了一眼说："常山，你怎么还有脸来找我。"常山心里一阵惭愧，脸上一红，结结巴巴地说："老公公，我再想要一升黄豆。"老人听了严肃地说："姑念你三年种苞米辛苦，再给你一升黄豆吧！这回，你可要好好用它呀！"常山接过一升黄豆连连点头致谢。

常山出了东石门，"哗啦"一声，石门关上了。他走回南石门一看，那根苞米已经变成一根石门闩了。他想，反正有了这升金豆子，也够几年花销了。

常山回到家里，气汹汹地对老婆说："孩他娘，快给我去买酒买肉，让我好好地吃一顿。"常山老婆愁眉苦脸地劝他说："金豆子全给你花光了。现在该好好劳动过日子啦！要不……"常山没等她讲完，朝她白了一眼，厌烦地说："我有的是金豆子，你不用管，你看！"说着从怀里取出那升黄豆来，解开一看，把个常山呆住了。一升黄豆变成了苞米种。老婆见他一会儿凶得很，一会儿又呆若木鸡，心里很奇怪，走过来盘问他。常山只得把刚才去海市城的事说了一遍。老婆听了心里有些明白，忙问他："白发长须老人跟你说了些什么话呢？"常山把老翁的话说了一遍。而后又说："明明是金豆子，可怎么又变成种子了呢？这怎么办？没粮没钱会饿死的。"老婆安慰他说："不急，那老人的话说得很对，种子就像黄金一样的宝贵，我们只要好好用它，就不用愁吃愁穿。你听，布谷鸟已经在叫了，明天我们就去播种吧！"常山听了老婆的话，想了半天，悔恨交加，决定要改邪归正。

从此，常山总是早出晚归，夫妻俩勤勤恳恳地种田。秋后，南石门前面种下的苞谷一片金黄，常山家获得了大丰收。

杨八郎和辽国王子

滦河源国家森林公园西山的高平台上有两处重要的文化景观，南

185

面的一处是王子坟，北面的一处是八郎阁。王子坟据说埋葬着辽代的一个王子，名字叫"哈钦"，八郎阁据说是祭奠杨八郎的地方。

北宋初年，宋辽对垒，宋太宗去五台山进香还愿。辽国天庆王定下一条毒计，在幽州摆下鸿门宴，邀请宋王爷赴"双龙会"，打算灭掉宋室君臣。不想此毒计被老令公识破，老令公做周密安排，让杨大郎假扮宋王，带领杨家子弟一同赴会。酒席宴上，双方突然兵戎相见，杨大郎用袖箭射死了天庆王，辽宋两军血战金沙滩。战斗异常惨烈，大郎、二郎、三郎一同战死，五郎为躲避追杀出家在五台山当了和尚，六郎和七郎杀出重围，四郎和八郎遭遇伏兵被擒，被押见萧太后。

四郎和八郎被押到后方，两人一言不发。萧太后以及辽国的将士并不知道二人是杨家子弟。辽国一个将领非常残暴，恐吓说："如果你等不投降就立刻砍死！"四郎不惧恐吓，坚决不投降；八郎却不作声，心里打起了小算盘，他心想如果现在被杀，只能落个忠义的好名声，却帮不了父亲，不如留着性命，以图复仇。于是趁四郎不注意，悄悄告诉将领愿意投降，并跟四郎约好两人各用一个假名字，不能露出是杨家的子弟。但答应投降的事儿，

八郎并没有告诉四哥。辽国将军立即禀报萧太后，太后令将领将两个宋朝俘虏分别押到帐内。八郎先入帐，见到太后连忙跪地："小子愿意投靠太后。"太后让八郎抬起头，见小伙子长得眉清目秀，十分英俊，非常喜欢，微笑地问道："小将军姓氏名谁？"八郎回答："小子姓王，名顺，叫王顺。"太后点点头，然后招呼身边的一员辽将，吩咐道："哈钦呀，这位王顺将军就交给你了，要好好待他。"哈钦跪地："侄儿一定善待王顺。"然后带王顺出了大帐。

紧接着四郎也被带到太后面前，太后发问："报上姓名来。"四郎不卑不亢道："要杀要剐，就快点动手！知道姓名又有何用？！"太后震惊，立即起身，走到四郎跟前，上下打量四郎，见这小伙子英武俊俏，性情耿直，威武不屈，更是喜欢。然后回到座位，对四郎说："杀你？！你以为我大辽国就会杀人吗？你连名字都不敢报上来，我看你是怕了。"四郎被激怒了，吼道："小爷姓木，名易，叫木易。赶快动手吧！"萧太后哈哈大笑，命令手下那个很残暴的将领："木易将军就交给你了，好好待他。"将领吃惊："这……"没等将领说下去，萧太后命令："我看木易将军是个人才，

不得伤到他半根毫毛。明白吗！？"

八郎被哈钦带到了"松漠"西南自己的分地。所谓"松漠"是辽国捺钵之地，这里有良好的草原，稀疏的森林，登高遥望，平林漠漠、郁郁苍苍。辽国人在这里从事着"一年四季随阳转徙，逐水草而居，以游牧为主"的生活。而哈钦的分地在滦河两岸，那里更是丛林密布、水草丰美、禽兽繁衍的风水宝地。

起初，八郎被哈钦关在营帐里，给吃给喝，就是不让他走动。八郎也不动声色，除了吃喝就是睡大觉。时间长了，哈钦对八郎放松了警惕，主动接近八郎，与八郎聊天，八郎才知道这位哈钦是皇室宗亲，是一位王子。

有一天，哈钦王子带八郎去看自己养的马群。只见千匹良马奔驰在滦河岸边，每匹马的毛色都溜光锃亮，挺胸奔跑，膘肥身健，把八郎喜欢得不得了。再看牧马人，千匹良驹只有两三个人赶着，马群一会儿狂奔，一会儿小跑，时而摆出各种队形，更是令八郎唏嘘不已。哈钦王子给他介绍，辽国其富以马，其强以兵。这战马要纵其逐水草，不复羁绊，一旦有了战事，马匹不管怎么跑都不觉得乏力，养战马要"一分喂，十分骑"，日常训练十分重要。其实，哈钦王子给八郎讲

这些，是奉萧太后之命，让八郎感觉到辽国的强大，安心待在这里，日后为辽国效力。八郎的心里明镜一般，他盘算着什么时候有了机会，把这些战马赶到中原，交给父亲，那得装备多少军队啊。于是，八郎为了让哈钦王子对自己放心，就主动教哈钦使用宋军用的滚金枪，让哈钦更加放松了警惕。

不久，哈钦王子面陈萧太后，认为王顺是真心投靠辽国。太后十分高兴，就将宗室的一位叫青莲的公主许配给了王顺，并赐封王顺为司徒。这样八郎就娶了辽国公主成了驸马，当上司徒，做了辽国大官，人称"王司徒"。青莲公主虽然是成长在北国，但生得貌美凝香，再加打小在宫廷长大，知书达理，温柔体贴，对夫君照顾得无微不至，令八郎好不感激。表面上小两口过得和和美美，内心里八郎却十分内疚，既对不起老父亲和死去的兄长，又对不起眼前目迷五色的青莲。

一天哈钦王子奉太后之命，带自己分地的将士出征去涿州了，家里的事务都交给王司徒管理。此时，分地里几乎一个士兵都没有，面对河滩里大群的马匹，八郎动起了歪主意，他打算赶上一群马直进中原、寻找父兄。刚要动身，青莲赶来，对八郎说："你我既然已成夫妻，

要去中原何不带上青莲？"八郎一听，傻了，面对娇妻如此坦诚只得作罢。其实，青莲是一个极其聪明的女子，八郎的心思，青莲早已察觉，只是不便捅破。

不久，哈钦王子攻打涿州获胜回来了，他不仅收获了许多的战利品，还用绳子将俘虏来的汉人紧紧地缚在一根根长长的木杆上，将这些人押到了分地，让王司徒管理这些汉人。八郎可怜这些被俘汉人的遭遇，就带领他们开垦荒地种植糜子、莜麦、胡麻等农作物，让一些会盖房的人建造房屋用来居住。一年过后，粮食丰收，房舍成片，令哈钦王子好不新奇，王子就把手下的一些契丹人交给八郎，让他们和汉人学习种植技术，和汉人一起春播秋收，搭建固定居住之所。此时的八郎手握一定的权力，时常策动一些种田的汉人偷偷赶一些良马逃往中原，王子渐渐开始怀疑起这位王司徒，但每每被青莲公主搪塞过去，王子碍于青莲公主也就无法深究了。

辽宋两国决战的时刻终于来临，哈钦王子带领他的军队也准备参战。王司徒和青莲公主作为皇室近亲也必须参加出征仪式。只见哈钦王子亲自挑选了一匹白马和一头青牛，拉到山坡上宰杀祭祀祖先，祈求先

人保佑将士们打胜仗。然后，哈钦王子下令："把宋人的探子押上来！"士兵把一个人拖到一棵孤树旁被五花大绑起来。八郎定睛一看，大吃一惊。这人正是八郎培植的汉人间谍。八郎心想，这下全完了，连忙伸手握住身上佩戴的剑把，准备与辽人一决雌雄。身旁的青莲公主早已看在眼里，不动声色地拉了拉八郎的衣袖，示意他不要动。哈钦王子命令参战的将士朝被绑的探子放箭，霎时间成排的弓箭齐发，射向被绑的探子身上，直至这人变成一只"刺猬"才作罢休。

此时，八郎自知事已败露，也就听之任之了。但哈钦王子并没有戳穿八郎，慢慢走到八郎跟前，从怀里掏出一份御书宣道："王司徒听旨！"八郎愣着，青莲公主慌忙拉了一下八郎衣袖，一同跪地。哈钦王子大声宣道："王司徒既为我朝驸马，当竭尽全力效忠我大辽。今闻宋人杨家父子向来英勇，为我大辽所敬仰。特遣王司徒随哈钦王子至两狼山，招降杨家父子，为我所用。钦此！"八郎一听，不知如何应答。还是公主青莲周旋，八郎才叩头领命。出发时，青莲公主执意随夫前往，当然八郎是绝不同意。嫁鸡随鸡，嫁狗随狗，青莲公主更是痴情，骑上战马就要前行，被哈

钦王子一把拦住。

到了两狼山，八郎只身上山，见到老令公和六哥，说明原委，但并未提及招降的事。杨老令公听说八郎做了辽国驸马，勃然大怒，怒斥八郎不忠不义。六郎深知八郎为人，不是轻易叛降之人，定有自己的想法，便上前劝阻，但老令公还是一句话："只知道杨家有断头儿郎，绝没有投降将军。"但又念其不是亲生，便将八郎赶出杨家，从此再无关系。

原来八郎原名王英，是杨继业的老朋友王子明的遗腹子。老令公收养了小王英，怕他长大后和全家人生分吃苦，故没有对他明说，就更名为杨顺，表字延顺。杨八郎小小年纪便善使一杆荷包滚金枪，官封殿前虎旗飞猛军指挥使，娶蔡绣英为妻。此时见父亲不能原谅自己，万念俱灰，心里明白只有以死谢杨家了，于是跪在阵前，泪流满面，磕头不止，托六郎好生照顾父亲，然后拔出佩剑自刎了。

哈钦王子虽然发现了王司徒的蛛丝马迹，但万万没想到他是杨家子弟。于是与宋军奋力拼杀，抢回八郎尸首，运抵分地。萧太后得知此事，大为震惊，迁怒于哈钦王子：既害得青莲年轻守寡，也招来一身笑话。便令哈钦王子将八郎葬在哈钦的分地，定期供奉，不让八郎的魂魄再回到南方的大宋。为了谢罪，哈钦王子令部下自己死后葬在八郎的旁边，继续担负看管八郎的任务。因此，滦河岸边便前有王子坟、后有八郎阁了。

多伦的城隍爷

多伦的城隍庙规模宏大，建筑精美，这在我国北方地区是少见的。尤其庙门前坐落着的一对精美的铜狮子，标志着此庙较高的规格和品级。在清朝，在这塞外边城，为什么会建筑如此规模的城隍庙呢？这要从康熙皇帝册封多伦城隍爷的故事说起。

康熙二十九年，准格尔蒙古首领噶尔丹趁漠北喀尔喀蒙古内乱之机侵占了漠北草原，进而又长驱直入，进犯到漠南蒙古。康熙皇帝御驾亲征迎击噶尔丹，大军过吐力根河，渡四道河口，在距多伦东北不远处的乌兰布通摆开战场，对噶尔丹形成合围之势。激战两昼夜，噶尔丹惨败，仅率少量兵卒突围逃遁，退入漠北。此战清军虽然大获全胜，但噶尔丹的军队使用了俄国制造的滑膛枪，它射程远、杀伤力大，致使包括康熙皇帝的舅舅佟国纲在内的几员大将阵亡殉国，这让康熙皇帝十分懊恼，尤其是他的爱将白大将军的阵亡，更让康熙格外伤心。

多伦城隍庙山门

话说这白大将军，姓白名羽，原本汉人，后入旗籍。康熙亲政之初，为剪除权臣鳌拜，在祖母孝庄太后的支持下，密诏十个少年进宫，以伴君习武为名，演练相扑擒拿之术，在鳌拜入宫时，在康熙皇帝带领下，采取与鳌拜嬉戏角逐的办法一举擒拿了这个号称满洲第一巴图鲁的鳌拜。这白羽便是十少年之一。后因白羽为人率直、憨厚、武功高强，深受康熙皇帝喜爱，遂留于宫中，封四品带刀侍卫乾清宫行走，伴君左右。白羽常与康熙皇帝一起弈棋习武、游苑谈笑，名为君臣，实为知己。此次征讨噶尔丹，正值用人之际，康熙临时加授白羽大将军衔，拨派在满洲正黄旗旗主铁帽子王麾下为副统领指挥战斗。激战时，白羽身先士卒，主动攻击，不幸被噶尔丹的滑膛枪击中，立时殒命。大战结束，班师回朝，康熙皇帝命军士砍罚大树，连夜打造棺椁，装殓阵亡将士遗骸，启运回京，以待厚葬。

大军前行，灵柩随后，一路跋山涉水，很快就进入多伦。说来奇怪，其他车辆都顺利通过，唯独拉运白羽灵柩的大车，忽觉沉重，平路之上，四匹骏马生生拉他不动。好马更换了几拨，依然如此，只好禀报了皇帝。康熙看到这个地方"山原平衍，水泉清溢，草木林茂，花香鸟语"，顿悟到"准是这白大将军迷恋上了这灵秀之地，为图宁静，不想再回京师"。不如就随其所愿，让他灵魂在这里安息吧。于是命令军士就在这卧龙岗前、七星潭畔安葬了白大将军，并砍木成板做成墓碑，康熙皇帝亲题"大将军之墓"以作凭记。

第二年，为维护国家一统，协调和解决蒙古各部之间的诸多纷争，康熙皇帝驾幸多伦与漠南、漠北蒙古王公会盟。期间，缅怀白羽，亲临墓前祭奠。衰草萋萋，荒冢一处，想到白大将军一世英豪，为国捐躯，孑然一人躺在这偏远的塞外荒野中，不禁畅然神伤，内心总觉欠缺点什么。

多伦诺尔会盟之后，应蒙古诸部所请，朝廷在会盟之地兴建了汇宗寺。多伦因庙而兴，渐成集镇，很快人烟集聚，商贾荟萃，俨然一大都会。

一日闲暇，康熙皇帝独坐南书房的御案前，如烟往事涌上心头，油然忆起了白羽，无限伤感。想到多伦这块宝地，阳世间的事务早已派去官吏治理，而冥府阴世间的事情，也该有一位德高望重之人去管才好。白羽的灵魂既然不愿回返京城，索性就让他在多伦当个城隍爷好了。于是急令吏部拟旨，册封白羽为多伦诺尔城隍爷。同时又从国库专拨帑银，着令工部侍郎选派工匠，比照内地较高规格的城隍庙样式，赶赴多伦营造庙宇。

庙宇竣工，又比照白羽生前模样，塑城隍金身，立城隍神位，特遣钦差赴多伦宣读册封诏书，举行迎神仪式。于是多伦便有了城隍庙和城隍爷。

这城隍庙建造得十分讲究，钟楼鼓阁，画栋雕梁，无处不精，还特意从京城皇宫内移来两尊铜狮，坐落庙前，尤显气势不凡。殿内诸多的彩塑、壁画精美绝伦，更添色彩。其中正大殿前的东厢房壁画上的一组反映冥府审理鬼案全过程的"七十二司狱"的壁画，画得阴森恐怖、惟妙惟肖。其主旨是展示生命的生死轮回和天网恢恢疏而不漏以及善恶有报的理念。壁画大意是人死为鬼，魂灵过奈何桥，登望乡台，步入鬼域以后，都要接受阴司的审理。人在阳世为人时，不论高官显贵作威作福，还是奴婢下人受苦受难，他毕生的所作所为在阴曹地府的判官这里都有一笔账记载得清清楚楚，都要接受审理，对好人和坏人的判决处理亦不尽相同。好人和善人可免受惩罚，或者直接升入天堂为神，或可转世超生继续为人。坏人和恶人就要根据其罪恶轻重施以不同的严刑惩处，或油烹炮烙，或割舌砍足，或凌迟，或磨碾，或锯裂，然后分别打到十八层地狱的某一地狱去接受改造进行悔过，而且下世也不得转世为人，只能托生为牛马、猪狗、鸡禽和虫豸。

七十二司壁画中有一副冥司惩治腐败贪官的图画，令人叫绝。画面中贪官污吏在阳世间作威作福或可未能受到惩处，但到了阴曹冥府却必然受到严惩。对他们的惩治办法是把他们一生中贪污的公款、受贿的金银、勒索百姓的铜钱，放入炉内，统统融化成炽热的汁水，活生生地灌入他们口中，攫取多少灌多少，使他们五内俱焚、肝胆迸破。那撕心裂肺的惨痛教训让他们永世铭记。这场景，着实令人胆寒。

白大将军生为人杰、死亦鬼雄，作为多伦的城隍爷，职掌阴曹之事，惩恶扬善，秉公执法，不徇私情，是正义的化身，权势很大。清朝在口北地区设置多伦诺尔理事厅，管

理察哈尔东翼正白、正蓝、镶白、镶黄四旗及内扎萨克、外喀尔喀一百三十余旗蒙民交涉、命盗等案，并查稽逃匪，审理汉铺争讼、窃却人命各案之事。最高行政长官是理事厅同知，官职从四品。而多伦城隍爷职权所辖的冥府等同理事厅，故而城隍爷的官阶为正四品。官大一品，自然是方便办案。地方官吏，即便官高权重，来到冥府，却也在城隍爷的官位之下，如果有罪，也只能服服帖帖，无条件地接受审查和判决。

多伦城隍庙正殿前的明柱上曾

城隍庙七十二司壁画（节选）

镌有一副对联,警世深刻,耐人寻味,上联"暗室亏心,天知地鉴,吾尔是达官显宦,难脱法网",下联"自家作孽,神明若电,随他为市侩习徒,言何宽宥",横批"咎由自取"。

城隍爷既为地方的福佑之神,管的事自然很宽,工作是很繁忙的。除常年坐镇冥府,职掌当地冥司的刑狱之事之外,还时常涉足阳间,干预阳间之事。旧时,多伦习俗,每年的七月十五,众人需将用藤子制作的城隍爷坐像抬出,銮散盖,全副的仪仗进行巡城,巡城之后,到城镇东郊外的寄骨寺,意为城隍爷出府巡查民情、受录冤魂、公审鬼案。时逢大旱,百姓求雨,亦将城隍爷请出,游行之后来到龙王庙前,献牲行祭,祈求上苍能看在城隍爷的面子上,怜恤地方,普降甘霖。人死之后,欲使灵魂赴入鬼都、早得超生,需其家人到城隍庙前举行"接三"仪式,领取城隍庙签发盖有"多伦诺尔城隍之印"印鉴的文牒路引,没有这张通行证,那鬼魂便无法赴入鬼都去接受冥司的审理,不能转世超生,只能成为大庙不收、小庙不留的孤魂野鬼作祟人间。

刘效贤巧治胡财主

清朝时,多伦有个才子刘效贤,他痛恨地主老财的为富不仁,憎恨做官的贪赃枉法,专和那些做官的、有钱有势的人作对,为穷人出气。

胡家湾的胡来财是方圆百里有名的财主。胡财主有个宏愿,他要在住宅后面建一个百亩大的庄园,让这庄园附近的田产都姓胡,现在只剩下东南角宋家的三亩地碍着胡财主成方圆。胡财主用了很多办法,宋家就是不卖,又找了三年八个月的岔子,也没找成。这年端午节,胡来财从宋家屋边路过,听到宋家父子在吵嘴。他想,这可是好机会,我叫你宋家屋里放鞭炮——炸窝,不怕你那三亩地不姓胡。于是站在墙角偷听,只听到宋家儿子骂了一声:"老糊涂!"

老子骂儿子:"你个畜生,给我滚!"

儿子说:"滚就滚!"说着气冲冲离开了。

隔一会儿,胡财主找到宋老头说:"儿子无法无天,竟敢撒泼骂老子,这就是大不孝,不孝就告他忤逆!"

宋老头正在气头上,就说:"我告这个畜生忤逆去!"

胡财主继续煽风说:"应该,只要告他忤逆,让官府教训他,以后才会对你孝顺。"

宋老头说:"找人写状子还要付钱。"

胡财主说:"好说,好说,我

帮你写,一个钱也不要。"当即写了状子,状词写得很严重,宋老头不识字,在状子上摁了手印。胡财主连夜派人送到县衙门。

没几天县官派人送来传票。宋老头一想,不好啦,儿子要吃官司。他找到胡财主:"老爷,我那状子不告了。"

胡财主一歪头说:"不告了?那咋行,一字入公门,九牛拉不出啊!"

儿子宋小仔一听传票到了,吓得不知如何对付,有人对他说:"找刘效贤去,请他帮你出个主意。"

宋小仔来到刘效贤家,说明来意。刘效贤说:"我看胡来财想法占你家那三亩地,用的是离间计,让你们吃官司,好从中渔利。官司什么时候审理?"

"六月十九,我十八那天就得到城里等着去。"

"这样吧!你六月十九鸡叫头遍,到东门外关公庙去,我在那儿等你。"

到了六月十九,鸡叫头遍,宋小仔来到东门外关公庙。他进门吓了一跳。咋回事?原来刘效贤头戴皮帽,身穿皮袍,脚穿棉鞋,怀抱火炉,正在吃西瓜。他吓得不敢进去。

刘效贤说:"过来,我给你出个主意。"于是在宋小仔左手掌上写了两行字。然后又嘱咐说:"县

老爷问你话,你只点头或摇头,别多说话。手上的字老爷看后,你马上擦掉,千万别留笔迹。"然后,如此这般地又嘀咕了一气。

县官升堂理案,众衙役一声吆喝,宋家父子跪在堂前,胡来财到堂作证。

县官先问过原告,而后问被告宋小仔:"你骂过你父亲?"宋小仔点点头。"你打过你父亲?"宋小仔摇摇头。"你骂他老糊涂?"他点点头。"你为什么骂你父亲?"宋小仔也不言语,把左手一伸,朝向县官。

县官问胡来财:"他是个哑巴?"

"不是。"

县官又问:"不哑为什么不说话?"

宋小仔反正不说话,双膝跪着挪到县官案前。

县官站起身子,低头一看,只见宋小仔左手掌中有两行字:"妻有貂蝉之貌,父生董卓之心!"

胡来财见状,心想太好了,中我的计了,你父子打起官司,我就有办法了。

宋老头一听,气得七窍生烟。心想,这个畜生怎么胡说八道,说我爬灰,幸亏胡来财帮我出主意告了他。

县官说:"来人,这老家伙乱

194

了人伦，反耍无赖，打四十大板！"

宋老头一听要打四十大板，慌忙喊道："老爷，小人冤枉，我这畜生不识字，一定有人给他出的坏主意！"

县官老爷一拍惊堂木："宋家小儿，从实招来，可曾有人给你出主意？"

"有的，有的老爷。"

"哪一个？"

"刘效贤！"

"啊，刘效贤？"这个名字引起三个人的疑惑。

胡来财暗想，这事遇上他，八成要砸锅；

县官想，他来了事情就麻烦了；

宋老头想，刘效贤呀，刘效贤，你这不是把我家混蛋小子扔到井里去了，你血口喷人！

县官问："刘效贤在哪里？"

宋小仔说："今天早上小人见他在关公庙烧香。"

"到关公庙把刘效贤带来！"县官一声吩咐，差人去找。

不一会儿，刘效贤来到大堂，朝地上一跪。

县官见他跪下，便说："刘效贤，你插手公事，闹得四邻不安，本官要重重罚你！"

"老爷，今天我到关公庙还愿，凭啥惹来祸事？"

"你为宋小仔诉讼么？"

"没有。"

"你帮宋小仔写过不伦之语吗？"

"没有。"

县官问宋小仔："是他写的么？"

"是，是他写的。"

"刘效贤你还有何话说！"

"大老爷明镜高悬，怎么凭他一句话，就认定是小人所写的呢？"

"你别耍赖，就是你写的！"

宋小仔指着刘效贤说："今天早上，我在关公庙里找到你，你头戴棉帽，身穿皮袍，穿着棉鞋，怀抱火炉，正在吃西瓜呢！"

刘效贤说："大人啊，这明明是胡说，六月天是暑天酷热，光膀扇扇子还嫌热，哪有头戴棉帽、身穿皮袍、怀抱火炉、脚穿棉鞋吃西瓜的人呢？再说西瓜还没下来呢！看来这娃娃脑子里有毛病！"

"大人！"胡来财拱拱手，插言道："大人可验笔迹！"

刘效贤说："对呀，可验笔迹。"

县官当场叫刘效贤写了那十二个字，然后再到宋小仔手上对照。哪里对得上，原来宋小仔已按照刘效贤的吩咐，偷偷将手掌按在地上，一来二去擦得干干净净。

县官没法判断了。

刘效贤趁机说："大人，这宋小仔肯定有呆病，你看……"

只见宋小仔对着县官打躬唱起

来："辞别了万岁爷，取道回府。哐哐哐，七八楞登仓！"跑出大堂。

县官一看，断定这小子是个傻呆子，傻呆有什么忤逆好告的，于是喝道："退堂！"

这场官司也就不了了之。

皇家鞋铺

有一年，乾隆皇帝驾临多伦，会盟内外蒙古各部王公。多伦诺尔理事厅派遣吏卒敲锣打鼓晓谕市民、洒扫街道、黄沙铺路，家家户户要张灯结彩、贴对联、放鞭炮，人人穿新衣、戴新帽，以示臣民热烈欢迎之情。

人们都知道，乾隆皇帝是个爱私访的人。这天傍黑，乾隆皇帝脱下龙袍，换上便衣，只带一名卫士，出了禁院，到三街六巷去看老百姓怎样生活。他走在大街上，但见家家户户挂彩灯、贴对联、放鞭炮，人人喜笑颜开，一派喜庆热闹、国泰民安的气象，乾隆打心里高兴。

乾隆转了几条大街，又走进一条胡同，往前走了一会儿，看见一家门口没挂彩灯，也没贴对子，觉得奇怪，就上前敲门。一位头发斑白的老汉出来开门，老汉手里还拿着一只正在捺底儿的鞋。乾隆也不客气，就进屋了。

屋里点了一盏小油灯，那亮光就像萤火虫那么小。屋子又窄又矮，

一铺小炕只能睡一个人，上面还放了几双新做的鞋子。靠墙的一张小破桌上放着大大小小的鞋楦子，墙上挂着粗粗细细的麻绳。原来这是个鞋铺。

乾隆在炕边坐下问："老人家，生意兴隆吧？"老汉说："咳，我一个孤老头子，开这么个小鞋铺，挣那几个小钱，也不过是疥蛤蟆打苍蝇——刚供嘴儿。"老汉边说边捺鞋，乾隆又问："听说皇上来了，人们都张灯结彩，像过年似的。你怎么也不歇歇。"

老汉道："订货的人等着穿呢！"乾隆接着问："怎么不贴对子？"老汉回答说："买了一张红纸，可是我大字不识，自己不会写，又没来得及去求人，拉倒吧。"

乾隆说："你要乐意，我给你写吧！"

"那敢情好！"说着老汉放下手里的活计，到邻居家借来笔墨砚台，研好墨，又把那张红纸拿来，裁了一副对联、一张横批，还剩下一条纸边儿。乾隆铺好纸，拿起笔，蘸饱墨，略一思忖，唰唰书写起来。上联是"大楦头小楦头乒乒乓乓打出穷鬼去"，下联是"粗麻绳细麻绳吱吱嘎嘎拉出财神来"。横批写什么呢？乾隆一时想不出来，旁边的老汉说："如今托皇上的福，天

下太平，这横批就写'天子万年'吧！"这可乐坏了乾隆，提笔在横批上写了"天子万年"四个字。

乾隆皇帝临走，还给老汉留下一锭银子，老头儿千恩万谢。不久人们得知老头得到皇帝的御赐对联，生意顿时红火起来。

给同知裁衣

从前，多伦城有个叫维恒公的新衣店，这家新衣店专门给那些达官贵人做衣服。据说店主技艺非常娴熟，只要顾客一进店，他看上顾客一眼，即便不用量体，就可以直接说出顾客的衣服尺寸和用料多少，而且裁剪出来的衣服非常合体。尽管技艺如此娴熟，但是这店主仍然非常认真的为进店的顾客量体裁衣，对于那些达官贵人更是小心谨慎。

一天，多伦诺尔厅的最高长官，同知大人，带着一四上好的绸缎来到这家新衣店，他想做一件礼服。

裁缝见同知大人进店，更是不敢急慢，急忙招呼小徒弟上茶，自己急急忙忙用衣袖擦拭椅子，然后搀扶同知老爷坐下。小徒弟也端上了茶水和点心。同知大人呷了一口茶水对裁缝说："裁缝啊，你给本官做一件礼服。现在就开始量身吧。"裁缝急忙拿出量尺，来到同知跟前，鞠了一躬，然后对同知大人说："同知大人，您做同知多少年了？"同知大人很不高兴，训斥道："你这裁缝，如此大胆，不好好量你的衣服，问这干什么？这跟做衣服有什么关系？"

裁缝笑脸答话："大人，这可太有关系了。"同知大人听裁缝这么说，觉得很新鲜，让裁缝说下去。裁缝不紧不慢地说："同知大人，根据小人多年观察，官人们刚刚上任要职的时候，都是趾高气扬，精神抖擞，所以挺胸凸肚，小人在给他们做衣服的时候，就要将衣服做成前面稍微长一些，后面稍微短一些。大人们上任两年以后，义气平和，锐气渐淡，不卑不亢，这时候做衣服就要把前面和后面做的一样长。在后来等大人们任职年月久了，就都想调任高职，所以他们摧眉折腰，巴结上司，不敢昂首扬威，衣服则要做得前面短，后面长些。所以小人我要问清楚大人您任职多长时间，才好给您量裁衣服啊。"

同知笑笑，久而不答……

皇宫里的歪爪百灵

清朝年间，多伦的红花山一带属于围场禁地范围。每年秋天，朝廷都要在这里组织声势浩大的围猎活动。那年秋末，乾隆皇帝带领皇子大臣侍卫太监们骑马弯弓，风驰电掣般追逐一群黄羊。他们行至红花山前，天色已晚，便驻扎在红花山脚下。次日清晨，乾隆起来散步，闻听百灵鸟啼鸣动听，龙颜大悦，便命人去捉。皇帝下旨，众人无不竭尽全力捕捉百灵。可费了好大劲儿，只有一个机敏的侍卫捉住一只百灵。

话说这只百灵被带回皇宫，放入一个美观别致的金丝笼内。宫内皇子、后妃等人都挺喜欢这只鸟儿。就连不拘言笑、威风八面的皇太后也爱惜地看着百灵，并口下懿旨："好乖的小东西，你们都给我好生侍候着，用心调教着。"如此一来，这只百灵就成了皇宫里的第一宠鸟。

声色犬马，取悦皇帝后妃本是太监和宫女们的看家本事，宫里当然不乏养鸟驯鸟的行家里手。在行家里手们的精心调教下，原本聪明的百灵很快就学会了好多曲子，唱得格外美妙动听。于是，百灵便越发得到大家的喜欢。然而，百灵虽身在皇宫，享受金笼玉食，可它野性难泯，十分思念家乡的伙伴和红花山的一草一木。继而时常琢磨着冲破牢笼，回归故土。

一天中午，趁无人之机，蓄谋已久的百灵展翅奋力向笼门冲去，"嘭"的一声，结果非但没有冲出笼门，还把双爪撞断。此情此景正好被匆匆赶来的宫女春艳看到，吓得她脸色苍白、双手乍着呆立在那里，不知如何是好。春艳此举被专

门驯鸟的太监小杨子看见。当小杨子看到百灵的双爪受伤已断时，顿感事态十分严重，他的小眼睛一转悠，指着春艳道："大胆春艳，你把百灵怎么着了？你活够了呵！"

缓过神儿的春艳"扑通"给杨公公跪下了，哭着乞求说："杨公公救我呵，春艳根本没动百灵。是它自个儿想跑没跑了，撞伤了爪子。"杨公公看着春艳梨花带雨的可怜劲儿，又念及都是山东老乡。他心一软，嫩声奸气道："嗳，这百灵真是身在宫中……"杨公公的"不知福"三字还未说出，突然传来了皇太后威严的声音："谁在说百灵的坏话呢？"

皇太后的声音吓得杨公公全身发抖、双膝跪地。他的小眼睛飞快地转悠着，速想如何应对眼前生死攸关之境。皇太后很快就发现百灵的爪子断了，她大怒道："两个奴才，百灵的爪子咋断的？从实招来！"此时的杨公公为保全自己，原本已软的心一下子又变硬了。他毫不犹豫地说："回禀太后，奴才也是刚来到这儿。奴才看见这个宫女春艳双手在金笼边乍着，吓得脸色苍白。肯定是春艳弄断了百灵的双爪。"早已吓傻的春艳嘴唇哆嗦着，竟然连话也说不出来了。

皇太后大声道："来人，当着百灵的面，把奴才春艳的双手剁掉。"

当春艳血淋淋的两只手滚落在鸟笼下边时。百灵无比痛苦地闭上了一对小小的鸟眼。皇太后爱怜地对百灵说："百灵呀，太后为你报仇雪恨了。看以后谁还敢冒犯你，春艳就是下场。"皇太后说完，就和随行的妃子、宫女们轻移莲步而去，丢下昏死过去的春艳和吓得冷汗满身、难以站立的杨公公。

百灵的伤爪经太医及时治疗，很快愈合；但两只脚爪从此歪斜，落下了终身残疾。剁去双手的春艳被逐入冷宫，去陪伴那些遭贬的妃子们了。后因伤口感染，无人医治，不久死去。这里就不多说了，皇宫里死个宫女太监啥的太平常不过了。春艳走后，又派来个叫秋香的宫女来侍候百灵的吃喝起居。

秋香刚来，太监杨公公就悄悄对她讲了侍候此鸟的春艳，因"冒犯"百灵挨罚的惨剧。吓得秋香白天提心吊胆，晚上做噩梦，如履薄冰地小心侍候着百灵。由于百灵的机敏和乖巧，曲子唱得好听，虽身有残疾却无伤大雅，仍然受到大家偏爱。一天，乾隆帝来看百灵，他瞧着百灵在笼子里歪歪扭扭行走的样子，更觉好玩有趣，乾隆脱口道："歪爪子。"百灵当即唱了起来。乾隆开心地大笑了一通，说："朕就给这只百灵赐名歪爪子。"从此，百灵就有了皇封的名字"歪爪子"。

其实，歪爪子没有一天不想离开皇宫的，但它再也不敢动逃跑的念头了。因为它不忍心让无辜的人再像春艳那样被剁了双手。秋香当然不知道歪爪子在想什么，她时时刻刻不敢放松警惕，生怕自己做了

多伦百灵鸟

第二个春艳。

世事就是这样，往往是你越担心出事就越出事。这天下午，秋香以最快的速度从茅房跑回来看歪爪子。她一进门，看到杨公公站在鸟笼跟前发呆，笼门开着，歪爪子没有了！魂飞天外的秋香下意识地抬起自己的双手，她一下就想起遭杨公公所害、被剁掉双手后丢了性命的春艳。面临绝境的秋香要先发制人了，情急中她失声高喊道："快来人呢，杨公公放跑了歪爪子，杨公公……"秋香边跑边喊，等吓破肝胆、气急败坏的杨公公追上来，死命捂住秋香的嘴巴时，晚了，秋香的大喊大叫已经惊动了皇太后。

皇太后看着空空的鸟笼子，大声喝问跪倒在地的杨公公："大胆奴才，你胆敢放跑了我的歪爪子！"杨公公低声辩解说："给奴才八个胆儿也不敢放走歪爪子。奴才来到鸟笼前时，歪爪子已经不见了。"皇太后说："还敢抵赖，那你为什么要追着去捂秋香的嘴，要是没人及时赶到，你还想杀人灭口不成呀！"杨公公一时语塞，不知如何答对了。太后说："来人。念小杨子在宫中多年，就给他三尺白绫，赐他自行了断吧。"

当绝望的杨公公将脑袋伸入高悬着的白绫套儿时，突然，"扑棱"地一阵响动，那歪爪子竟然从外边飞回来了，并且乖乖地飞入了鸟笼子。皇太后惊喜地叫了一声"歪爪子"。歪爪子就讨好地看着皇太后，乖巧地唱起了她最爱听的曲子，把个皇太后乐得眉开眼笑。杨公公看到了一线生的希望，他抓紧时机，有气无力地说："歪爪子呵歪爪子，你出去放风也不打个招呼。你还真有灵性，太后大驾光临，你就及时回来迎驾。"皇太后扭头看了一眼已两鬓斑白的杨公公，动了恻隐之心，再加上歪爪子唱得她心情舒畅，所以皇太后慈祥地说："既然歪爪子留恋皇宫，又回来了，小杨子死罪可免，活罪难逃。你们就把他的脚筋挑断吧。"杨公公急忙跪地："谢太后不杀之恩。"

就这样，进宫十几年的训鸟行家杨公公被挑断脚筋，然后就神秘"失踪"了。宫里的人都晓得，这"失踪"跟死没什么区别。原本善良的秋香良心难安，从此吃不下、睡不着，几天后就疯了，当然，皇宫里是绝不允许疯子存身的，因此秋香很快就被逐出皇宫。

皇太后七十寿辰时大赦天下。念天地浩生之德，朝廷将宫中豢养的部分禽兽放生，歪爪子百灵也在放生之列。放生后，歪爪子立即离开恐怖的皇宫，一翅飞去，不料刚飞出京城，歪爪子就双翅无力，一点儿也飞不起来了。这是它在宫里养尊处优，长期不飞，继而使双翅飞翔功能退化之故。

绝望的歪爪子正好碰上了披头散发的疯子秋香。秋香看到歪爪子时就无比爱惜地将它捧在手里，嘴里念叨着："歪爪子你又从皇宫跑出来了。我知道你想回你的老家红花山。可你飞不了，是吧？小乖乖。唉，要不秋香送你吧。"歪爪子听懂话似的轻轻点了点鸟头。

于是，疯子秋香果真带着歪爪子开始了由京城到红花山的漫长行程。在途中，秋香渐渐地不那么疯了。她一路乞讨着，也不知走了多长时间，最后终于走到了歪爪子的故乡红花山。

从此，秋香也住在了风景秀丽、花香果甜的红花山，与歪爪子及它的伙伴们长期相伴了。人鸟互相帮助，相处得格外和谐。秋香经常对歪爪子说："怪不得你总想跑回来呢，原来这红花山的确是人间天堂呀，那个人人仰慕的皇宫其实就是人间地狱！"据说进入老年后的秋香能听懂、并且会说好几种鸟语呢，她可以直接跟百灵等鸟儿们对话了。

回归故土的歪爪子百灵要繁衍后代、生儿育女。奇怪的是，红花山一带的歪爪子百灵鸟越来越多，到后来竟然全部成了歪歪爪。当地百姓笑曰："红花山的百灵歪歪爪，这是皇封的，百灵不敢擅自更改。"

乾隆多伦留绝对

多伦原来是个商贾云集的繁华地方。乾隆年间，有个叫刘富的山西人，带着老婆和儿子，来到城里，赁了两间房子，开了个"刘富饭馆"，兼卖茶水。只因他初来乍到，人地生疏，加上位置偏僻，开张多日，很少有人问津。

这刘富原来是个落地秀才，只因看透了官场黑暗，无意追求功名，才改为经商。他苦思数日，想了个怪异的办法。一日，他在门外挂了两个牌子，右侧撰写一联"做出春夏秋冬菜"，左侧空着，旁边小子写着"能有对出下联者，白吃一餐，分文不取"。消息传开，人们感到好奇，舞文弄墨的都想应对，前来看热闹的也络绎不绝。一来二去，刘富的饭馆红火起来。三口人整日忙碌，只是那出句却一直没人应对得出。

一天下午，刘富的饭馆打烊，就见进来两个官人，前者穿着一件黄马褂，天庭饱满，气宇轩昂，不怒自威；后者穿一件长袍，精神矍铄，精明机灵。刘富累了一天，不想接待，就说："小馆要停火，请客官另找别处吧。"长袍也不搭话，搬过一把椅子，拂一下椅面，请黄马褂坐下，侍立一旁，转过身，大大咧咧地向店主喊："牛肉两盘儿，蛋汤两碗儿，白酒四两，馅饼六扇儿，快点！"刘富见到这气派，知道来者不善，哪敢怠慢，只得做好端来。两位吃好，转身要走，刘富忙迎上去道："客官还没开饭钱呢！"黄马褂问道："你黑底金字写得清，难道不算数？"刘富不解，问："我怎么不算数？"黄马褂道："'白吃一餐，分文不取'，想不是诳语吧！"刘富恍然大悟，笑道："我指的是'有能对出下联者'呀！"黄马褂道："你怎知没有对上！"刘富听他话中有话，急忙走出门一看，只见左侧牌上写着"迎来东西南北人"，笔体苍劲有力，流光溢彩，不禁连声叫好。转身回到馆内，对那黄马褂拱手行礼道："不知客官贵姓大名，何方人氏？"黄马褂道："吾姓龙名乾，天京人氏。今来多伦诺尔游览，见到贵馆的应招对子，信笔写来。"

两官人要走，刘富送出门时，不由长叹一声，长袍问："刘兄长吁短叹，为何？"刘富道："不瞒官人，小人当初在馆门上书此上联，并非有什么闲情逸致，卖弄文采，实是想借此招来顾客、求得温饱，

今官人妙手对出下联，虽是好事，只怕小人今后买卖难做了。"黄马褂道："再出一联不就行了？"刘富道："这多伦诺尔地方，文人墨客颇多，所撰出句，易了违我初衷，难了恐官人一时作不出来，故此叹息。"黄马褂哈哈大笑："这有何难，朕愿一试，笔墨伺候。"刘富一听"朕"字，恍然大悟，磕头如捣蒜，忙称："小人该死，不知皇上驾到。"忙取来笔墨，乾隆爷一挥而就，只见上联写着：一小馆，二间房，三口人开，四五六七桌凳，八仙挂当头，九方客聚，十里飘香。刘富再三叩头，叫来妻儿，三人又焚香磕头，当即将上联挂在门外。

据说，乾隆爷留下的上联，一时成了没有下联的绝对。人们听说当朝皇帝爷的御笔，纷纷前来观瞻。刘富的饭馆生意顿时兴隆起来，他乘机将"刘富饭馆"改名为"兴隆饭馆"，还把乾隆爷用过的桌椅餐具用黄绫遮盖起来，供奉在堂屋中央。有些老年人，还见过乾隆爷用过的那套桌椅餐具呢。

当代风采

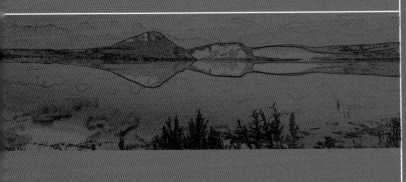

HUASHUONEIMENGGUduolunxian

当代风采

DANGDAIFENGCAI

在新的历史时期，多伦县以绿色经济带动为主体、以特色城镇建设和文化旅游发展为两翼的发展战略，凝心聚力，加快发展，不断谱写新的历史篇章。

生态立县造就美丽乡村

驱车走进多伦县境内，开阔平缓的大地上遍野的绿色，微风卷绿浪，草原暗花香，赤橙青蓝紫，韭花白茫茫。十多年来，多伦县持之以恒加强生态建设，全民生态共识最大程度地凝聚，全县人民向保护眼睛一样保护来之不易的生态环境，为子孙后代留下可持续发展的"绿色银行"。

多伦县位于内蒙古自治区中部，地处浑善达克沙地南缘，属于中国北方农牧交错地带，是内蒙古距北京最近的旗县，直线距离180公里，公路里程320公里。过去由于干旱、大风等自然因素和超载放牧、过度开垦、乱采滥伐等不合理利用因素的叠加作用，生态环境一度急剧恶化。当时的北京各大媒体报道，刮到北京城的沙子，一百粒沙子中有八十粒是从多伦刮去的。环境的恶化，严重影响了首都北京的生态安全。

2000年，卫星遥感监测显示，多伦县风蚀、水蚀、沙化面积504.5万亩，占全县总面积的89.2%，横亘于县境中、北部东西走向的三条沙带有扩展相连趋势，全县耕地由于风蚀沙化严重，相当一部分无法耕种而弃荒。恶劣的生态环境不仅严重制约了当地经济社会发展，而且直接影响着京津地区的生态安全。2000年5月12日，时任国务院总理

多伦沙布楞村黄沙封门（2002年）

荒凉的沙丘

朱镕基来多伦视察，作出了"治沙止漠刻不容缓，绿色屏障势在必建"的重要指示，多伦从此成为北疆草原开始大规模生态建设的前沿阵地。

多伦县委、县政府抓住国家林业发展的政策机遇，坚持国家投资与群众投工投劳、发动社会化造林相结合，采取"封、飞、造、禁、移、调"等措施对沙化土地综合治理，加大林业生态建设力度。确立了"生态固基"战略目标，2003年，多伦在锡林郭勒盟地区率先实行全年全境禁牧。2006年，多伦确定了"生态立县"目标，坚持一手抓禁牧、一手抓种树，推动全县林业建设向纵深发展。2008年，多伦在生态全面好转的基础上，在全区率先提出利用五年时间基本消灭荒山荒坡荒滩的"灭荒"工程。与此同时，"治多伦一亩沙地，还北京一片蓝天"环保公益活动受到首都各界的广泛关注，社会各界广泛参与。

十年磨一剑，如今多伦县的生态建设已硕果累累，2000～2010年，全县累计完成沙地围封230万亩；完成京津风沙源治理工程人工造林24.55万亩、飞播造林18.5万

曾经的沙海变绿海

多伦县北部地区茂密的植被

亩、封山育林 46.2 万亩；完成退耕还林 74.8 万亩，其中退耕地造林 46.3 万亩、荒山荒地造林 28.5 万亩；完成四旁植树 205 万株；义务植树 340 万株；转移沙区人口 2282 户、10692 人；社会造林完成 17.7 万亩。通过实施林业重点工程，多伦县生态、经济、社会效益凸现。全县 210 万亩严重沙化土地的 70% 得到有效治理，生态恶化的趋势得到整体遏制，局部生态环境明显好转。

2010 年，多伦县顺利启动了百万亩樟子松造林工程，成为改变多伦生态建设模式的历史性工程，实现了生态建设由单纯生态效益向生态和经济效益并重的转变。通过大规模生态建设，全县林地面积由 2000 年的 54 万亩增加到现在的 293 万亩，森林覆盖率由 2000 年的 6.8% 提高到现在的 31%，项目区林草植被综合盖度由 2000 年的不足 30% 提高到现在的 85% 以上，实现了由"沙中找绿到绿中找沙"的历史性巨变，如今的多伦山清水秀、蓝天碧野，到处都是绿色的海洋。全县农民人均纯收入中 40% 来自林业。

近年来，由于多伦县不断加大生态和基础设施建设，提高经济发展的承载力，已经成为锡林郭勒盟生态环境最好和生产要素聚集力最强的地区之一，先后获得"全国绿化模范县""全国国土绿化突出贡献单位""全国生态文明示范工程试点县""京津风沙源治理工程

多伦秋色

北村蔬菜种植产业园区

先进单位""北京奥运会特别荣誉
奖""全国绿化先进集体"等多项
荣誉。2015年，成功承办了全国防
沙治沙现场经验交流会。2016年12

月25日，中国市场调查中心、中
国城市经济专家委员会共同主办的
2016（第四届）中国生态年会暨城
乡魅力生态成果发布会在北京召开，

会上多伦县再次获得殊荣，被授予"中国魅力生态县"称号。

良好的生态环境为大力发展现代特色农牧业提供了前提条件，加快推进农牧业结构调整，实现了传统农牧业向现代特色农牧业转变，构建起具有鲜明地域特色的现代农牧业生产经营体系。最近几年，多

胜利村的蔬菜大棚

伦县优化做精"林、肉、菜、药、草"五大产业，深入实施"减羊增牛"战略，大力发展农区畜牧业和设施农业，扶持推广有潜力、有特色的生态观光农业。提升农牧业产业化水平，坚持用现代产业组织方式改造提升传统农牧业，建立产品追溯认证体系，完善龙头企业与农民利益联结机制，建好基地、搞好加工、抓好示范、打好品牌，推进无公害、绿色、有机农产品生产，打造绿色农畜产品生产加工输出基地。根据地理环境和产业基础，因地制宜发展果蔬经济、林业经济、家庭旅游等富民产业，培育形成"一乡一业、一村一品"格局。

近几年在推进美丽乡村建设中，累计完成投资 14.41 亿元，完成危房改造 7250 户、村庄街巷硬化 576.7 公里、安全饮水 52 处及其他工程，受益农户 2.3 万户、人口 7.5 万人。举全县之力圆满完成城乡统筹建设试点搬迁安置工作，全县 11 个村组、2179 人得到妥善安置。农村贫困人口脱贫是全面建设小康社会最艰巨的任务，多伦坚持"实事求是、因地制宜、分类指导、精准扶贫"的原则，突出特色、产业带动，以"三到村、三到户"为载体，进行扶贫开发与农村最低生活保障制度有效衔接，整合各类资金 3.6 亿元，动员全社会的力量，深入开展精准扶贫、定点扶贫、金融扶贫，积极探索推进"党支部＋合作社＋贫困户"资产收益模式和"点菜式"扶贫，全县 1766 户、3592 人和 22 个重点贫困村全部脱贫，2016 年底，实现了"人脱贫、县摘帽"。

清爽宜人的塞外名城

凭借良好的区位条件、厚重的历史文化，加上多年来持续加大城市建设，一座清爽宜人的旅游名城——多伦呈现在人们眼前。每到夏季，近百万来自北京、天津、河北、辽宁等地的游人漫步在宽敞洁净的小城，欣赏着塞外美丽风光的同时，也体验到了草原水乡特有的生活情趣。

2011年9月29日，内蒙古党委、政府着眼于构建全区经济开放格局，经充分论证，决定在多伦建设锡林郭勒盟南部区域中心城市。锡林郭勒盟行署也提出建设"锡林浩特一个中心、二连浩特和多伦两个副中心"的城市发展格局。《多伦诺尔镇城市总体规划》（2012—2030）已得到自治区批准。围绕城市总体规划，把握建设节奏和时序，扎实深入推进锡林郭勒盟南部区域中心城市建设，按照规划布局和城镇体系空间格局，优化城市空间结构，结合历史文化名镇和全国特色旅游名镇建设，突出古城多伦的文化内涵、历史特色与时代风貌，建设绿色城市、智慧城市、人文城市。重点以打造园林绿化城市为目标，围绕"六大绿地系统"和"三横十三纵加两环"城镇主干道路构筑城镇整体框架，高标准建设新城区、大力度改造古城区、加快完善提升旧城区。新城区要把握好建设节奏，控制好建设规模，实现新城西扩；古城区重点以保护性建设为主，突出古城风貌特色；旧城区完善提升基础设施，加快推进棚户区和中村、

雨夜的多伦大街

城市彩虹

西村等城中村改造。同时,将新仓村、盆窑村等城区周边村庄实施搬迁纳入城镇建设范围,推进城乡一体化工程。

2012年到2015年,按照园林绿化城市的标准,编制城市控制性详细规划及各类专项规划。累计投资26.7亿元完成了凤栖湖公园、龙泽湖公园、森林公园、湿地公园等绿地工程建设,对文化公园、会馆文化片区进行了提质改造。围绕"三横十三纵加两环"主干道路框架,进行了多伦大街、会盟大街两侧和古城区外环路改造,配套完善了城镇集中供热、污水处理厂、生活垃圾无害化处理厂、给排水和公厕等公共服务设施,服务功能明显改善。道路升级、西大桥改造、城区硬化绿化亮化等市政基础设施项目和一批有特色、高质量的房地产开发项目,增强了城镇聚集人口、产业能力和对周边的辐射带动能力。目前,县城建成区面积由7平方公里扩展到13.8平方公里,城镇人口由3.5

龙泽湖水上舞台

万人增加到 6.5 万人，城镇化率由 47.6% 提高到 58.6%。

2016 年 6 月，为进一步加强城市建设改造管理，全面改观城市面貌，成立了城市建设改造管理指挥部，开展大规模市政建设改造工程，先后筹划了 2 批次 45 项市政基础设施建设工程。完成 50 余条市政道路重建或罩面工程，县内 90% 的黑色路面实现升级改造；完成主要道路两侧、中学校园、问题小区硬化铺装 35 万平方米；改造完成污水管网 20273 米、雨水管网 5342 米、给水管网 2663 米、供热管网 10500 米；新增绿化面积 4 万平方米；改造 15 条街道弱电管网 13750 米。为提升和完善城市功能，积极实行棚户区改造工程，投资 3.1 亿元，对 921 户棚户区房屋进行改造。制定出台一系列支持棚户区改造的政策文件，实行"房票"货币化安置、搭建房源超市等方式，全力保障棚户区改造工作顺利开展。

现如今，一条条新修的柏油马路，跃动着畅达快捷的发展节奏；一处处新铺装的街道和建设的景观，展示出清新亮丽的优美环境。多伦诺尔镇被评为"中国历史文化名镇""全国首批特色景观旅游名镇"。多伦县被评为"全国城镇管理先进县""全国可再生能源建筑应用示范县""全国既有建筑节能改造示范县"。今后多伦将站在新高度、新起点上，更加注重城市功能的提升，推动城镇建设由外延扩展向内涵发展。以打造特色城镇为重要载体，促动城乡建设、文化旅游、生态文明共荣共进，提高基本公共服务水平，增强区域科教文卫中心辐射带动作用；打造公平正义、安定有序、开放包容、充满活力的社会环境，使多伦成为宜居宜业宜游的现代化城市。

交通先行工业发展

"要想富先修路"这句喊了多年的口号，在我国各地被无数次验证过。在多伦县发展战略中，交通再次扮演了先行官角色。

"十二五"期间，随着国道一级公路、省道公路、农村公路等一系列公路交通设施的建设，推进城乡交通互联互通，加快城乡一体化发展。投资30亿元，建设G239、G510多伦段两条国道，并全线贯通，实现多伦县一级公路"零"的突破。

国道G239起点是正蓝旗桑根达来镇，终点是山西省阳泉市，呈南北走向，是《国家公路网规划（2013年—2030年）》中47条南北纵向国道线之一。该国道在正蓝旗桑根达来镇与国道G207相连，经多伦县境内进入张家口到承德高速，再接承

德市的丰宁县及北京怀柔区，形成了锡林郭勒盟进京通道，使得锡林浩特、正蓝旗、多伦等地进入首都北京更为便捷通畅。国道G510线，原为省道S308线，即集宁至赤峰线，该国道东西横穿多伦全境，到河北省围场县及内蒙古赤峰市，该国道的畅通使得多伦县到达内蒙古东部和我国西北地区更为便捷。

与此同时，相继投资3.2亿元，使农村公路实现了乡乡通油路、村村通水泥路的目标。

目前，多伦县境内有国道2条150公里，省道1条113公里，县道3条104公里，乡道15条242公里，村道72条423公里。公路网密度为26公里/百平方公里。

在铁路建设中，锡林浩特至多伦铁路复线，全长248.5公里，总投

多伦南收费站

多伦火车站

资 21.88 亿元，已经建成并投入运营。集客运、货运为一体的多伦至承德市丰宁天桥站铁路即将开通运营，正线全长 163.06 公里，总投资 55 亿元，其中锡盟境内投资 3.31 亿元，河北境内投资 51.69 亿元，多丰线铁路的开通运营，是锡林浩特经多伦、河北天桥到曹妃甸港口煤炭下海的重要通道，是内蒙古中部的出海大通路，同时打通了锡林浩特、多伦客运进京的便捷通道，使锡林浩特、多伦人坐上火车进北京成为现实。

交通瓶颈的突破，交通网络的架构，使多伦的资源优势如虎添翼。目前，多伦县的种植业、养殖业、水产品养殖业、林下产品加工业等绿色农业产业蓬勃发展；特色工业强势崛起，一大批环保型、清洁型

企业相继在多伦落户投产。随着旅游设施和通景公路等配套设施的不断完善，多伦的特色工农业和旅游业迎来了发展高潮。

"十二五"期间，多伦县规模以上工业企业达到 25 家，工业增加值由 29.2 亿元增加到 52 亿元，年均增长 12.2%。大唐国际多伦煤基烯烃项目是大唐国际发电股份有限公司在锡林郭勒盟进行煤炭综合开发项目之一，是我国首个以褐煤为原料生产煤制烯烃产品的国家煤化工示范项目，总投资 180 多亿元，是目前锡林郭勒盟单体投资最大的项目，达产后将成为多伦乃至锡林郭勒盟重要的经济增长点。该项目以多伦湖水库为水源，以锡林浩特胜利煤田生产的褐煤为原料，采用煤粉汽化、气体变换、净化甲醇合成等国

多伦大唐煤化工厂区

际先进技术，最终年产46万吨聚丙烯及其他副产品，达产后年可实现销售收入60亿元。锡林郭勒盟至山东交流特高压工程多伦站是锡林郭勒盟电源汇集点，也是锡盟—山东特高压工程起点，主要承担汇集送端电源和组织外送电力等作用。该工程连接内蒙古能源基地和京津冀鲁负荷中心，对于优化能源资源配置、解决雾霾问题、提高区域能源安全保障能力具有重要意义。工程的投运，有效实现内蒙古"煤从空中走、电送全中国"的发展战略，可就地转化煤炭2.65亿吨。特高压将带领锡林郭勒盟驶入能源发展的高速公路。

在多伦，以大唐煤化工为主的一批新型工业项目投产，具备了推动建设新型产业承接地的基础和打造锡盟南部区域中心城市的支撑要素。

特高压输变站

社会事业蒸蒸日上

多伦县在加快推动经济发展的同时，注重统筹发展教育、卫生、文化等社会事业，使经济发展成果更多更公平惠及全县人民，努力为社会提供多样化服务，更好地满足人民需求。

紧紧围绕全县经济社会发展大局，不断强化科学技术是第一生产力的思想认识，按照"抓经济、靠科技，抓科技、促经济"的原则，注重发挥科技进步和技术创新在经济社会可持续发展中所起的重要作用。全面实施"科教兴县"战略，积极有效地为企业和广大农民提供了满意的科技服务，推动了科技成果转化，提高了劳动者素质，促进了产业结构的调整优化和经济增长

方式从粗放型向集约型、效益型的转变，为我县的经济社会发展提供了有力的科技支撑。多伦县先后荣获了全国"科技工作先进县""科技进步考核先进旗县"，内蒙古自治区"科技先进县""科技进步考核先进旗县""星火科技示范县"和"科普示范县"等称号。

在新的历史时期，多伦县深化教育教学改革，促进教育公平，办人民满意的教育。全县现有普通高中1所、职业高中1所、初中2所、小学14所、公办幼儿园10所，中小学在校学生11900人、教职工1189人。近年来，累计投入2.5亿元改善办学条件、优化教育布局，实现了"村不再办小学、乡不再办中学"目标，学前教育、义务教育、

蔬菜大棚

多伦第三中学

职业教育协调发展。县职业教育中心（锡林郭勒盟职业学院多伦分院）被列为自治区级重点中等职业学校，第三中学晋升为内蒙古自治区示范性普通高中，第四中学被评为全盟中小学办学条件标准化学校。全县高考、中考成绩始终保持锡林郭勒盟前列，多伦教育品牌继续提升。

多伦上都河小学

锡林郭勒职业学院多伦分院

大力推进医疗卫生事业发展。最近几年，着力抓好"医疗质量和服务能力双提升"三年行动计划，以扎实有效的工作践行群众路线教育活动，努力提高全县人口素质和人民群众健康水平。全县有二级乙等综合医院1所、中医院1所、乡镇卫生院9所，每村一处标准化卫

多伦县医院

多伦县中医院

生室；有病床 244 张，医务人员 407 名。近年来，累计投入 1.2 亿元加强卫生基础设施建设。稳妥推进公立医院改革，及时完成了公立医院取消药品加成、服务价格调整工作。启动低价药采购工作，县直医院基本药物配备比例达到 50% 以上，在县乡医疗机构之间建立长期稳定的双向转诊机制。基本医疗保障水平进一步提高，新农合参合率 97.1%。人均筹资标准达到 470 元。全面提升医疗质量和服务能力。促进医院提档升级，多伦县医院和中医院分别晋级二级甲等综合医院、二级甲等综合中医医院。加强医院信息化建设，建设以电子病历为核心的县级公立医院信息系统，基本实现了电子处方、电子病历等信息化管理，医院管理效率大幅提升。

以保障全民身体健康、提升全民健康素质为目标，在强化基本医疗卫生服务的同时，加快发展健康产业，为社会提供更多更好的医疗卫生和健康服务。改善医疗服务条件。完善三级医疗服务体系建设，优化卫生资源配置，形成覆盖城乡的基本医疗服务体系。按照"保基本、强基层、建机制"的要求，进一步深化医药卫生体制改革。鼓励社会资本举办专科医院和中小型中医疗机构，极大地满足群众看病就医需要。

全面推进文化多伦建设。近年来，多伦县先后建设了 3 处体育馆、27 个城乡居民健身广场和 5 个乡镇文化站。出版了《多伦汇宗寺》《康熙会盟》《出北口走草地》等多部文艺作品，拍摄了电影《姑娘湖》。长篇小说《康熙会盟》获内蒙古自

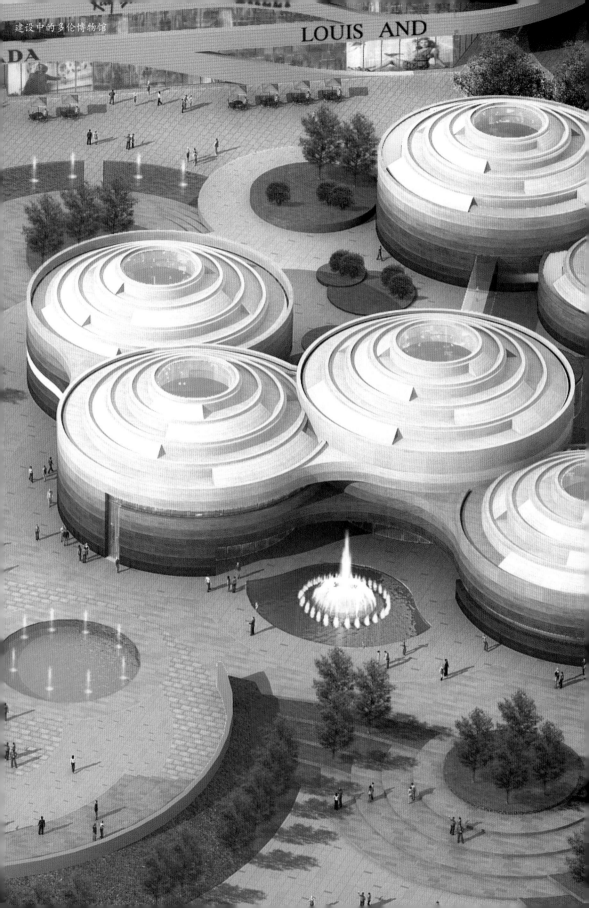

建设中的多伦博物馆

舞台剧

治区第十届"五个一工程奖",改编的长篇评书在中央人民广播电台及部分省市区电台播出。连续举办了八届内蒙古环多伦湖公路自行车邀请赛、五届多伦诺尔冰雪节和三届多伦玛瑙奇石节及首届冰上龙舟赛,确立了多伦冬夏旅游品牌活动。

近年来,多伦县累计投入5600多万元资金,对汇宗寺、山西会馆、

碧霞宫等11处全国重点文物保护单位进行了抢救性维修,具备了参观开放的条件。不断加强非物质文化遗产普查、登记、整理、存档等工作。经科学认定,14项非物质文化遗产被纳入县级保护名录,6项非物质文化遗产进入盟级保护名录,5项非物质文化遗产进入自治区级保护名录。

群众文化活动也蓬勃开展。以

扶植民间艺术团体、各类文艺表演队为主要途径，充分活跃城乡群众文化生活。成立了劲松晋剧团、鸿云文化传媒晋剧团两支业余晋剧文艺团体，弘扬了山西会馆唱晋剧的传统文化。目前，全县成规模的业余文艺团体已达19支，各民间文化团体各展所长形成合力，不但丰富了群众业余文化生活，而且创新发展了多伦传统的民间文化，培养了传承传统文化的时代新人，使多伦的民间文艺源远流长。

基层群众体育网络不断完善，全县共有单项体育协会16个，体育指导站5个、晨练点21处、羽毛球俱乐部3个、乒乓球俱乐部1个、青少年乒乓球训练基地1处，各级体育指导员213人，乡镇所在地、社区和部分村组都有民间健身表演队和文体活动队。体育健身活动长年不断，赛事活动精彩纷呈。

篮球赛

全域旅游展翅飞翔

多伦县以科学发展观为指导，坚持"政府主导、市场运作、社会参与"的发展模式，以树立"大旅游、大市场、大发展"观念为先导，以体制机制创新为动力，以景区（点）基础设施建设为重点，紧紧围绕打造"坝上古城、草原水乡"旅游品牌，依托独特的地理区位优势、浓厚的历史文化底蕴以及丰富的自然资源优势，积极推进旅游业快速发展和转型升级，努力把资源优势转化为经济优势，并逐步完善旅游产品体系，以旅游业带动第三产业的快速

湿地公园楼亭

发展，巩固了旅游产业在全县经济社会发展战略中的重要地位，并通过打造距离北京最近的休闲旅游目的地，先后获得"中国历史文化名镇""全国特色景观旅游名镇""中国自驾游联盟旅游目的地""全国第二届最美小镇"等称号。

目前，多伦县已形成了多元化、多层次的综合配套服务体系，旅游产业初具规模，旅游知名度显著提升。"十二五"期间，全县累计接待游客389.8万人，累计旅游综合收入45.76亿元，年平均增长15%，旅游业已经成为多伦县国民经济发展的后续支柱产业。随着旅游业的发展，多伦县加快了精品景区建设步伐，有效整合各类资金，景区路、水、电、讯等旅游基础服务设施日臻完善，管理水平显著提高，各景区日接待能力不断提升。根据资源特点多伦分为四大特色旅游区：把国家及各级政府的文物保护单位列入的以汇宗寺、山西会馆为主的历史文化游览区，以南沙梁、北方沙地植物园为主的漠南生态旅游区，以姑娘湖、大渡口、榆木川为主的生态观光游览区，以国家水利风景区多伦湖为主的水上游览区。

目前，多伦已培育出农家乐旅游点41处，其中自治区级农家乐景区3家、盟级5家；全县宾馆、旅馆200余家，住宿床位7200余张，其中家庭旅馆23家、星级宾馆2家、旅行社9家；旅游商品生产示范企业4家，购物店170余家，打造出以多伦玛瑙、多伦鱼、山野菜等为代表的特色旅游产品品牌，其中多伦玛瑙、大地山野制品等多次

多伦大酒店

荣获自治区、锡盟旅游商品各类奖项。目前多伦旅游直接从业人员已达 2500 人。

2016 年 10 月，国家旅游局公布国家全域旅游示范区第二批创建名单 238 家，锡林郭勒盟多伦县位列其中。国家发改委全文公布了《西部大开发"十三五"规划》，明确西部地区将打造百座特色小城镇，多伦县多伦诺尔镇成为锡林郭勒盟

多伦香江大酒店

多伦全鱼宴

唯一的入选城镇。多伦将借助创建国家全域旅游示范区的历史机遇，以"古""水""绿""亮"为切入点，积极推进古城区开发和城镇水系建设，大力实施县城建成区绿化、亮化工程，提升多伦旅游品牌形象。

绿色是多伦的本色，生态环境是多伦最大的本钱，晋升国家全域旅游示范区，既是多伦县生态、人文等优势条件的集中体现，更是多伦加快发展、提升形象的历史机遇。站在全局的高度谋划全域旅游发展，推动景观全域优化，按照"城内人文景观游、城外生态景观游"布局，高标准打造汇宗寺、善因寺、山西会馆文化片区，加快推进多伦湖、姑娘湖等旅游景区建设，加快实施百万亩景观经济林工程，打造城市外围生态绿地景观体系。推动产业全域联动，充分发挥"旅游+"综合带动功能，培育林业旅游、农业旅游等新业态，扶持家庭旅馆、农家乐等特色旅游，促进旅游业与其他产业融合发展、共生共荣。要推动服务全域配套，按照全域景区化建设和服务标准，推进多规合一，整体优化环境、优美景观，打造具有多伦地域特点、文化特色的旅游产品和服务，统筹抓好旅游公路建设、景区景点改造、交通标示设置等工作，推动全县旅游基础设施更完善。深入挖掘全县11处国家级文物保护单位和"中国历史文化名镇"的文化资源，积极推进全域游、四季游、体育游、文化游、康养游、

冰山龙舟赛

冰雪游、红色游等系列文化专项旅游，打造具有地方特色的文化旅游品牌。

紧紧围绕"壮美内蒙古·亮丽风景线"的目标定位，借国家之力，举全县之力，努力推进旅游业转型升级、跨越发展，提升旅游档次品味，全力打造全域旅游重镇，把旅游业真正培育成为支撑县域经济社会发展的主导产业。

展翅飞翔

吟咏多伦古诗词

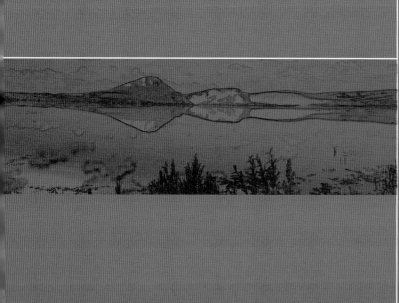

HUASHUONEIMENGGUduolunxian

吟咏多伦古诗词
YINYONGDUOLUNGUSHICI

塞外古城，魅力多伦。多伦风光秀丽，历史文化悠久。千百年来，这片壮美山川吸引着帝王将相、文人墨客为之咏叹。

金元诗文

金莲川

金　赵秉文

一望金莲五色中，离宫风月满云龙。

向来菡萏香销尽，何许蔷薇露染浓。

秋水明边罗袜步，夕阳低处紫金容。

长阳猎罢回天仗，万烛煌煌下翠峰。

塞上曲（两首）

元　迪贤

秋高砂碛地椒稀，貂帽狐裘晚出围。

猎得白狼悬马上，吹笳夜半月中归。

杂沓毡车百辆多，五更冲雪过滦河。

当辕老妪行程惯，倚岸敲冰饮橐驼。

白翎雀歌

元 马祖常

乌桓城下白翎飞，雌雄相呼以为乐。

平沙无树托营巢，八月雪深黄草薄。

君不见，

旧时飞燕在昭阳，沉沉宫殿销鸳鸯。

芙蓉露冷秋宵永，芍药风喧春昼长。

上京翰苑书怀

元 马祖常

沙草山低叫白翎，松林春雨树青青。

土房通火为长炕，毡屋疏凉启小楞。

六月椒香驼贡乳，九秋雷隐菌收钉。

谁知重见鳌峰客，飒飒临风鬓已星。

门外春桥漾绿波，因寻红药过南坡。

已知积水皆为海，不信疏星又隔河。

酒市杯陈金错落，人家冠簇翠盘陀。

薰风到面无蒸暑，去乌长云奈客何？

滦水秋风词（三首）

元 柳贯

朔方窦宪留屯处，上郡蒙恬统治年。

今日随龙看云气，八荒同宇正熙然。

朵楼清晓常祠罢，吾殿新秋曲宴回。

御帛功由寒女出，分颁恩自九天来。

西风初吹白海水，落日正见黑山云。

旃庐小泊成部署，沙马野驼连数群。

后滦水秋风词（三首）

元　柳贯

界墙洼尾砂如雪，滦河嘴头风卷空。
泰和未必全盛日，几驿云州避暑宫。

旋卷木皮斟醍酪，半笼羔帽敌风砂。
丈夫射猎妇当御，水旱肥甘行处家。

山邮纳客供次舍，土屋迎寒催瑾藏。
砂头蘑菇一寸厚，雨过牛童提满筐。

滦河吟

元　宋本

滦河上游陿，涓涓仅如带。
偏岭下横渡，复邈行都外。
颇闻会众潦，既远势滂沛。
虽为禹贡道，独与东海会。
乃知能自致，天壤无广大。

金莲川

元　陈孚

茫茫金莲川，日映山色赭。
天如碧油幢，万里罩平野。
野中何所有，深草卧羊马。
昔人建离宫，今存但古瓦。
秋风吹白波，犹似衰泪洒。
村女采金莲，芳香红满把。

滦河曲

元　胡助

行人驱车上滦河，滦河水浅人易过。

239

北入太液流恩波，润泽九州民物和。

天子清署空峨峨，两都日骑如飞棱。

穹庐畜牧草连坡，青鸾白雁秋风多。

劝君马酒朱颜酡，试呼一曲敕勒歌。

上京杂咏

元　萨都剌

一派箫韶起半空，水晶行殿玉屏风。

诸生舞蹈千官贺，高捧葡萄寿两宫。

上苑棕毛百尺楼，天风摇曳锦绒钩。

内家宴罢无人到，面面珠帘夜不收。

凉殿参差翡翠光，朱衣华帽宴亲王。

红帘高卷看风起，十六天魔舞袖长。

开平新宫五十韵

元　郝经

欲成仁义俗，先定帝王都。

畿甸临中国，河山拥奥区。

燕云雄地势，辽碣壮天衢。

峻岭蟠沙碛，重门限扼钣。

侵淫冠带近，参错土风殊。

翠拥和龙柳，黄飞盛乐榆。

风入松杉劲，霜寒水草腴。

穹庐罢迁徙。区脱省勤劬。

阶士遵尧典，卑宫协禹谟。

既能避风雨，何用饰金朱。

栋宇雄新选，城隍几力扶。

建瓴增壮观，定鼎见规模。

赋得滦河送苏伯修参政

元　周伯琦

清滦悠悠北斗北，千折萦环护邦国。

直疑银汉天上来，摇漾蓬莱云五色。

蛟龙变化深莫测，金莲满川净如拭。

銮舆岁岁两度临，雨露同流草蕃殖。

长亭短亭来往人，朝夕照影何时息。

相君亲授临轩敕，紫骝嚼啮黄金勒。

却从江汉望龙冈，三迭晴虹劳梦忆。

立秋日书事之三

元　周伯琦

凉亭千里内，相望列东西。

秋狝声容备，时巡典礼稽。

鹘鸼随矢落，猰鹿应弦迷。

干豆归时荐，康庄颂髦倪。

王朋梅东凉亭图

元　虞集

滦水东流紫雾开，千门万户起崔嵬。

陂陀草色如波浪，长是銮舆六月来。

上都从驾东凉亭

元　张翥

鹤禁烟华紫，龙冈草色青。

羽林移晓仗，法驾幸凉亭。

大业开天道，甘泉发地灵。

微臣叨侍从，愿睹万邦宁。

过界墙

元 刘秉忠

地老天荒雪亦苍，车声轧轧转羊肠。

短衣蓬鬏沙陀路，一岁三番过界墙。

滦京杂咏（四首）

元 杨允孚

东凉亭下水蒙蒙，敕赐游船两两红。

回纥舞时杯在手，玉奴归去马嘶风。

紫菊花开香满衣，地椒生处乳羊肥。

毡房纳石茶添火，有女褰裳拾粪归。

东风亦肯到天涯，燕子飞来相国家。

若教内苑红芍药，洛阳输却牡丹花。

时雨初肥芍药苗，脆甘味怢酒肠消。

扬州帘卷东风里，曾惜名花第一娇。

明清诗文

白翎雀图

明 王祎

白翎雀，雪作翎，群呼旅食啁哳鸣。

何人翻作弦上声，传与江南士女听。

南人听声未识形，画师更与图丹青。

图丹青，一何似，知尔之生何处是。

秋高口子草如云，风劲脑儿沙似水。

开 平

明 陈循

滦河河北开平府，云是前朝旧上都。

万瓦当年供避暑，孤城此日事防胡。

龙冈夜照乌桓月，凤辇时巡敕勒区。

何处登临最愁绝，李陵台上望平芜。

白灵雀

清 高士奇

碛外相乎乐，人间重白灵。

名传元乐府，产略古禽经。

妙选笼雕槛，清音啭画屏。

芙蓉秋露冷，曾否忆沙汀？

金莲花

清 高士奇

卉本仙山种，开当夏候深。

异香飘紫塞，宝相涌黄金。

露叶凝轻翠，风枝袅细阴。

曾邀天笔赏，移取植华林。

过上都河

清 高士奇

穷荒春尽草无青，何处凄凉访故亭。

塞北山川迷史籍，幕南部落绝王庭。

云垂野水流俱远，鸟入长空去不停。

闲把玉鞭吟马上，夕阳风角起林坰。

金莲花

清　胡会思

仙葩生朔漠，当暑发奇英。

色映金沙丽，香分玉井清。

倚风无俗艳，含露有新荣。

试种天池侧，芙蕖敢擅名。

北藩诸部郡长来迎

清　康熙

关山直北尽王臣，属国侵陵煽乱频。

为靖边方勤士马，欲令藩落辑民人。

生灵有赫群知肃，扑舞来同意倍亲。

共睹此行清朔漠，保疆绥土俗还淳。

外藩诸部落络绎来贺宴赉之

清　康熙

诸部名王集，扶携绕御营。

皆言清朔漠，从此乐生成。

喜溢车书会，欢腾鼓角声。

朕怀勤抚恤，所志在休兵。

滦　河

清　康熙

塞边远绕至滦河，彻底清明不见波。

驻辇徘徊千万里，石鲸两岸影嵯峨。

外藩诸部落络绎来贺宴赉之

清　康熙

诸部名王集，扶携绕御营。

皆言清朔漠，从此乐生成。

喜溢车书会，欢腾鼓角声。

朕怀勤抚恤，所志在休兵。

扈从诗（二首）

清　查慎行

西僧迎辇列香幡，击鼓吹螺动法门。

番界从来知佛大，而今更识帝王尊。

黄云匝地遮沙漠，衰草连岗走骆驼。

车辙纷腾市井嚣，百年修养得今朝。

滦　江

清　嘉庆

塞山众流聚，秋水注滦江。

多伦原疏七，伊逊川汇双。

涛声盈远岸，波影晃晴窗。

南下临渝郡，朝宗绕旧邦。

其他诗文

放脚歌

严文元

五令女子吞声哭，哭向床前问慈母。

母亲爱儿孩自提，为何缚儿如缚鸡。

儿足骨折儿心碎，昼不能行夜不寐。

邻家有女已放足，走向学堂去读书。

舍身报国

吉鸿昌

有贼无我，有我无贼。

非贼杀我，即我杀贼。

半壁河山，业经改色。

是好男儿，舍身报国。

战多伦

陈寄安

殷殷碧血遍荒郊，旷世勋名万古流。

报道山河归旧主，满庭贼桧尽含羞。

抗日同盟军张垣倡议

陈寄安

好男儿，壮志坚，抗日义旗举张垣。

忠勇毕聚同盟立，誓以铁血抒国难。

力虽薄，义愤伸，收复察东克多伦。

驱寇雪耻非不能，兴起兴起我国人。

戒大烟

鸦片流毒到中原，受害同胞万石千。

良田千顷毁灯火，无穷金钱一股烟。

父母气死妻离散，皆为吸抽鸦片烟。

近亲好友无人理，只落庙里枕砖眠。

染瘾老乡快回头，烟瘾在身苦不休。

无形枷锁身上带，动止更觉不自由。

钱财耗费无其数，并惹亲友背后羞。

硬心要把大烟戒，政府一定帮助你。

无有吃的帮你借，经商无本贷你款。

有地无籽给你粮，没有穿的发衣裳。

只要用在正经处，光景越过越向上。

戒了大烟真可喜，夜间早眠日早起。

生产战线争英雄，各种工作干在先。

事事不能落人后，你看体面不体面。

父母亲来妻子爱，亲戚朋友全喜欢。

干部再不小看你，姐妹儿女不瞒怨。

全家和好过光景，丰衣足食把身翻。

反　思
李　甦

人民事业苦追求，少小辞家信远游。

弹雨枪林惩暴日，一心一意为神州。

为国为民几十年，意志坚定到白头。

铁骨铜心真主义，风云万变跟党走。

多伦颂
郭登第

多伦诺尔七星潭，扼守京畿滦河边。

环城溪流景色美，大桥三座东西南。

瀚海沙坡陪名镇，湖泊印月伴雄垣。

戊子之年见天日，万民欢乐建乐园。

学校林立新气象，工农商牧大发展。

歌颂多伦迈大步，塞外古城换新颜。

后　记

　　历时半年多，《话说内蒙古·多伦县》正式与广大读者见面了。

　　《话说内蒙古·多伦县》的出版发行，首先得益于内蒙古人民出版社的鼎力支持，亦是在中共多伦县委、县人民政府的直接关注和支持下开展的工作。县委宣传部具体领导、组织编撰人员，落实编撰任务，几易其稿，精益求精，顺利完成了编撰任务。

　　多伦县文联的任月海同志编撰了"回望历史""仁人志士""民俗风情""当代风姿"和"吟咏多伦古诗词"五个部分的内容。多伦县委党校的王淑霞同志编撰了"风味特产""秀美风光""民间传说"三个部分的内容。县政法委的王志勋书记、县委宣传部的王久玲副部长提供了部分"自然风光"的照片。

　　《话说内蒙古·多伦县》内容涉及历史、民俗、风物、当代风采等诸多方面，限于篇幅，未能全面充分地展现多伦的魅力，实属憾事。

　　最后，鉴于编者水平有限，疏漏之处敬请谅解和赐教。

编者

2017年3月18日